HUNAN-ANGHOFIANT

BRYCHAN
LLYR

HUNAN-ANGHOFIANT

BRYCHAN LLYR

gydag Alun Gibbard

Diolch am y diddordeb
Diolch am yr amser
www.facebook.com/BrychanLlyrJones

Argraffiad cyntaf: 2013

Dymuna'r cyhoeddwyr gydnabod cymorth ariannol
Cyngor Llyfrau Cymru

Llun y clawr: Huw T Walters
Cynllun y clawr: Y Lolfa

Rhif Llyfr Rhyngwladol: 978 1 84771 723 8

Cyhoeddwyd, rhwymwyd ac argraffwyd yng Nghymru gan
Y Lolfa Cyf., Talybont, Ceredigion SY24 5HE
gwefan www.ylolfa.com
e-bost ylolfa@ylolfa.com
ffôn 01970 832 304
ffacs 832 782

Rhagair

DIWRNOD BRAF YM mis Mai, a chyrraedd ffarm yr Hendre ym Mlaenannerch oedd y nod wrth adael fy nghartre. Y man lle roedd Dic yr Hendre'n ffarmo i ennill ei fara menyn ac yn barddoni er mwyn cael ychydig o jam i roi arno, yng ngeiriau Dic ei hunan. Y tir, y pridd, cefn gwlad a'i bobl a ysgogodd farddoniaeth unigryw cyn-Archdderwydd Cymru, barddoniaeth na fydd ei thebyg ym maes amaethyddiaeth, yng ngeiriau cyn-Archdderwydd arall, T James Jones. Roedd yn amhosib peidio â theimlo naws wahanol wrth yrru mewn i glos y ffarm, rhyw deimlad o 'Aaa, dyma'r man' yn codi cyffro ar groen cefn y gwddwg wrth gamu i fyd preifet dyn cyhoeddus.

Ond roedd Dic yr Hendre wedi'n gadael ers bron i bedair blynedd ar y pryd, wrth gwrs, ac yno i weld ei fab, Brychan, oeddwn i. Roeddwn yno i gael un o'r sgyrsiau sy'n sail i'r llyfr hwn. Mewn â ni'n dau i'r tŷ ffarm ac i'r stafell lawr llawr yn y cefn. 'Fan hyn, yn y stafell 'ma, ges i fy ngeni,' meddai Brychan wrth gerdded mewn i stafell sydd bellach yn llawn llyfrau a chadeiriau eisteddfodol. A dyna, yn syth, gysylltu'n emosiynol â'r rhan o'r stori roeddwn yno i'w thrafod ac sy'n llinyn amlwg yng ngwead y Brychan Llyr y down i'w adnabod yn yr

5

hunan-anghofiant hwn. Wrth i fi eistedd ar gadair Canmlwyddiant Eisteddfod y Wladfa, ac i Brychan eistedd ar gadair arferol, a hynny lle bu'r gwely y ganwyd ef ynddo, fe ddechreuodd y sgwrsio.

Roedd Brychan yn awyddus i ni drafod cyfnod ei eni a'i fagwraeth yn y man lle digwyddodd hynny ac, wrth iddo setlo i'r siarad, roedd yn amlwg pam. Mae'r lle mor agos ato, yn wres yn ei galon, ond yn wres, yn aml, sy'n llosgi'n fflam ac yn gymhlethdod ac yn faich ar brydiau hyd yn oed. Rhannodd sawl stori anodd a ddigwyddodd i'r teulu ar yr aelwyd hon ac maen nhw yn y llyfr hwn.

Wedi siarad am beth amser, fe aethon ni am dro o gwmpas ffiniau'r ffarm, a Brychan yn nodi enwau'r caeau wrth i ni fynd heibio iddyn nhw. Cyrraedd y beudy wedyn, lle bu Dic yn godro'r da llaeth a Brychan yn dangos y man ger y *bulk tank* lle fydde ei dad yn sefyll ac yn cyfansoddi ei farddoniaeth i rythm y pendil oedd yn cadw'r peiriant godro i fynd. Hawdd oedd gweld a chlywed y bardd, y pendil a'r da yn un.

Mae Brychan yn amlwg am wneud yn siŵr nad yw'r Hendre yn troi'n un ffarm arall ymhlith y cannoedd sydd heb yr un ôl o fywyd y dyddiau a fu. Dyw e ddim am i'r Hendre golli ysbryd a blas dyddiau Dic yr Hendre a'i deulu. Mae wedi gofyn i Peter Wills, crochenydd o ardal Pen-y-bont ar Ogwr, lle mae e'n byw nawr, wneud teils bach sgwâr o glai â rhai o linellau Dic wedi eu serio arnyn nhw. O dir yr Hendre y daeth y clai, a hynny'n symbolaidd o un o themâu barddoniaeth Dic – y cylch yn cael ei gyfannu. Mae peth o waith y bardd wedi bod i ben draw'r ffwrn a'i awen wedi ei llosgi ar y pridd, ac yntau wedi dod o'r pridd yn y lle cynta. Mae'r teils wedi eu gosod fan hyn a fan 'co ar hyd erwau'r Hendre. Pwy bynnag ddaw yma ar ôl dyddiau teulu'r Jonesiaid, byddan nhw'n gwybod nad ffarm gyffredin mo hon. Mae'r bardd, trwy'r mab, wedi gadael ei farc.

'Nôl yn y stafell lle cafodd Brychan ei eni, a'r sgwrs bron â dod i ben, roeddwn yn trafod ei berthynas â'i dad, rhywbeth oedd wedi digwydd sawl gwaith yn barod y diwrnod hwnnw, a rhywbeth fydde'n digwydd sawl gwaith wedi hynny hefyd. Wrth i un rhan o'r sgwrs ddod i derfyn naturiol, fe ddywedodd Brychan yn ddigon disymwth, 'Yn y stafell 'ma buodd Dad farw hefyd' ac, wrth ddweud hynny, trodd i'r dde yn ei gadair ac ychwanegu 'Fan hyn, ei dra'd am y drws a'i ben am y ffenest.' Mae yna arwyddocâd emosiynol i hynny a ddaw'n amlwg ar y tudalennau hyn. Roedd popeth yn yr un stafell gefn fechan honno. Geni a marw, tad a mab, bywyd a gwaith. Ac awen.

Daeth Brychan i ddeall ar ddechrau ei fywyd yn yr Hendre ei fod yn ddyn y cyrion, dyn ar y tu fas. Ond wrth i hyn amlygu ei hun mewn meysydd amrywiol, doedd Brychan ddim am drio gadael yr ymylon a symud 'nôl i ganol y cylch fel roedd nifer o bobl yn ei annog i wneud. Fe dderbyniodd mai person fel'na oedd e a phenderfynu derbyn ei anian a'i ffawd ac ymgartrefu ar y cyrion. Y crwydro i Brychan yw'r setlo, ac mae golwg 'nôl ar droeon ei yrfa yn dangos nad yw pawb sy'n crwydro ar goll. Yn eironig ddigon, mae bywyd y tu fas i'r canol 'normal' wedi cael ei fyw yng nghysgod cadernid y traddodiadau. Mae ei deulu, amaethyddiaeth, barddoniaeth a'r dreftadaeth y mae e mor falch ohoni yn gefn iddo yn ei annibyniaeth barn.

Wrth yrru mas o glos yr Hendre, roeddwn yn sicr yn teimlo 'mod i wedi cael cip breintiedig iawn y tu ôl i lenni'r dreftadaeth yr ydyn ni i gyd yn rhan ohoni. Hunan-anghofiant Brychan sydd ar y tudalennau hyn. Ond mae'n amhosib deall Brychan heb ddeall yr Hendre, ac yn amhosib deall yr Hendre heb ddeall Dic. Y gwead hwn ym mhatrwm bywyd Brychan ddechreuodd ddod i'r amlwg ar y diwrnod cofiadwy hwnnw yn yr Hendre yng nghanol Mai heulog 2013. Mae yna daith yn y stori hon fel ym mhob stori, ac mae yna frwydro, mae yna ymgodymu; mae'r stori'n boendod ac yn wefr. Mae Brychan yn agor drysau ac agor ffenestri wrth ddweud ei stori. Ond mae yna stafell sy'n angor i'r cyfan.

Alun Gibbard
Hydref 2013

O'N I BRON peidio ffwdanu sgrifennu'r geiriau 'ma lawr o gwbwl, a rhywbeth wedodd Mam wrtha i un dydd, pan o'n i dipyn ifancach, o'dd y rheswm dros wneud. A finne yng nghanol blynydde gore band Jess, a phethe'n mynd yn dda, ro'n i'n ca'l sgwrs 'da Mam pan drodd ata i a gweud 'Dw i ddim yn gwbod pam y't ti'n gwastraffu dy amser yn treial gadael dy farc ar y byd. Ddim sbel ar ôl i ti fynd o 'ma bydd pawb wedi anghofio pwy wyt ti. Wyt ti'n gwbod pwy yw dy gyndeidiau di dy hunan? Nag wyt wir. Ti wedi anghofio am dy deulu, 'run peth ag y bydd pawb yn anghofio amdanot ti a fi.'

Tipyn o siglad o'dd clywed hynny. Ond ma hi'n iawn, wrth gwrs. Faint ohonon ni sy'n gwbod hanes ein hen dad-cu, neu'n hen fam-gu, yn fwy na'u henwau a falle un neu ddwy ffaith ddigon cyffredinol? A sdim diben mynd 'nôl ymhellach na hynny, dw i'n siŵr. Felly, wrth ddechre mynd ati i groniclo troeon fy mywyd da'th y geiriau 'na 'nôl i'r cof yn ddigon siarp a dyma finne'n gofyn i fi fy hunan wedyn, 'Wel, os yw geiriau Mam yn wir, pam ddylen i weud fy stori?' Falle fod 'na elfen o dreial gwrthbrofi geiriau Mam yn yr awydd i gario mla'n i sgrifennu... rhyw ymgais i ddal gafael ar rywfaint o anfarwoldeb personol... bod rhywbeth yn mynd i aros ohona i ar ôl i fi adael y byd.

Ma'n siŵr 'da fi, os ydych chi'n darllen y geiriau 'ma nawr, bod hynny'n arwydd bod 'da chi ddigon o ddiddordeb i godi'r llyfr yn y lle cynta, ac awydd i wbod rhywbeth am fy stori, am ba bynnag reswm. Gobeithio'n wir y bydd 'da chi'r un brwdfrydedd erbyn i chi gyrraedd y dudalen ddiwetha. Dw i'n ddiolchgar iawn bod y llyfr 'ma yn eich llaw chi. Falle bydde fe'n well petai dyfodol fy mywyd yn eich dwylo chi hefyd achos, hyd yn hyn, dyw e ddim wedi bod yn saff yn fy nwylo i. Cyfres o fethiannau yw fy stori wedi bod, fel cewch chi weld.

Ac ar ben hyn i gyd, mewn ffordd real iawn, ro'dd hi'n edrych yn ddigon tebygol ar un adeg, ddim sbel yn ôl, na gethen i gyfle i sgrifennu'r un gair o fy stori, a hynny am i fy mywyd bron â dod i ben. Am gyfnod hir, ro'dd yn edrych yn fwy na thebyg mai 2010 fydde fy mlwyddyn ddiwetha i ar y ddaear 'ma. A gyda'r hyn o'dd bron â bod yn ddiwedd arna i y gwna i ddechre'r stori.

Fe ddes i'r man lle 'nes i sylweddoli fod problem fawr iawn gyda fi mor belled ag o'dd alcohol yn y cwestiwn. Ces alwad ffôn un dydd gan Paul Lewis, ffrind da o Ynysoedd Sili, a Sian atebodd. Fe'i clywes hi'n gweud wrth Paul pa mor wael o'n i ac ma'n amlwg iddo ymateb yn go gryf yr ochr arall. Cyn pen dim, ro'dd e wedi dod i Gefn Cribwr ac, yn fuan wedi hynny eto, fe dda'th gyda fi i weld doctor. Ro'dd cyngor y doctor yn damed bach o syndod i fi ei glywed gan rywun proffesiynol, ma'n rhaid gweud. Gwedodd mai peth peryglus iawn fydde fe i fi stopio yfed yn gyfan gwbwl. Awgrymodd yn lle hynny y dylen i dreial torri lawr yn ddyddiol ar faint ro'n i'n ei yfed. 'Wel, siwd ma gwneud 'ny?' gofynnes iddo fe. A'i gyngor o'dd i farcio'r botel win ro'n i'n yfed ohoni a threial yfed modfedd yn llai o'r botel honno bob dydd. Do'dd hynny ddim yn gwneud synnwyr i fi o gwbwl. Siwd obaith o'dd i fi fel alcoholic, yn feddw, farcio potel yn y lle cynta ac, yna, os fydden i'n llwyddo i wneud hynny, i stopio pan o'dd yr hylif meddwol y tu fewn i'r botel wedi cyrraedd y llinell briodol? Dim gobaith o gwbwl. Ro'n i'n anfodlon iawn â'r cyngor yna a ddim yn credu ei bod yn realistig i ofyn i rywun sy'n gaeth i unrhyw beth dreial dangos cymaint â hynny o hunanddisgyblaeth, yn enwedig tra'i fod yn sownd yng nghrafangau'r cyffur ei hunan. Ro'dd e hefyd yn dangos nad o'dd e wedi deall y teip o gymeriad o'n i a heb gysylltu â fi'n feddyliol. Fydde fe ddim wedi awgrymu hynny, ma'n siŵr, petai e wedi deall mwy amdana i.

Felly o'dd hynny'n gadael fi 'nôl yn yr un man, sef gwbod bod gen i broblem a bod ishe gwneud rhywbeth amdani hi. Do'dd dim un awgrym arall o'dd wedi ca'l ei gyflwyno i fi'n gwneud y tro. Un ffordd o'dd yn bosib felly – jyst stopio. Fel'na. Glatsh. A dyna 'nes i.

I chi ga'l syniad o 'nghyflwr ar y pryd, ro'n i'n yfed chwe photel o win bob dydd, yr un gynta gyda fy mrecwast. Fe ddes i'r cyflwr 'na mewn ffordd araf, yn raddol. Er mwyn delio gyda'r anesmwythder sy'n wraidd i alcoholiaeth ro'n i, wrth gwrs, yn troi at y botel. Ro'dd hynny'n digwydd yn fwy cynnar bob dydd ac, erbyn y diwedd, wedi cyfnod hir, ro'dd yn rhaid dechre'n fuan wedi deffro yn y bore. Fe 'nes i hyn am rhyw flwyddyn a hanner, ma'n siŵr. Pan ma'r corff wedi dod yn gyfarwydd â derbyn cymaint o alcohol â hynny, ma'n mynd i ga'l sioc aruthrol, yn llythrennol, pan nad yw'r hylif hwnnw'n mynd mewn i'r corff yn ôl ei arfer.

Rhyw bedair awr ar hugain ar ôl i fi stopio yfed yn llwyr, fe ddechreuodd y salwch. Y cyfogi di-baid. Y peswch o'dd yn beswch hollol annaturiol ac yn teimlo fel petawn i'n peswch fy mherfedd lan bob tro, a'r corff yn tynhau a chrebachu wrth i fi wneud. Ond do'dd dim byd yn dod mas, er yr holl ymdrech. Fe es i'r gwely un noson yn y cyflwr yma a deffro i gyfogi unwaith eto a theimlo fod llawer o'r cyfog wedi mynd lawr i'r ysgyfaint. Fe godes o'r gwely a threial peswch e i gyd mas ond o'dd e'n amlwg fod pethe wedi mynd ymhell y tu hwnt i hynny. Do'n i ddim yn gallu anadlu'n iawn erbyn hyn. 'Nôl yn y gwely, fe es i mewn i *seizure* wedyn a chwmpo i'r llawr rhwng y wal a'r gwely. Do'dd gen i ddim syniad beth o'dd yn digwydd. Ro'n i 'nôl a mla'n rhwng yr ymwybodol a'r anymwybodol ac, wedi peth amser, fe sylweddoles fod dau berson mewn gwyrdd yn fy stafell wely. Y paramedics. Ro'dd Sian fy ngwraig wedi eu galw. Ro'n i'n meddwl y bydde popeth yn iawn dim ond i fi allu peswch yn llwyddiannus. Ond ro'dd Sian yn sobor ac yn gweld difrifoldeb y cwbwl a'r hyn o'dd yn digwydd i fi o flaen ei llygaid. Gweld y ddau mewn gwyrdd yw'r peth diwetha i fi gofio. Am amser hir.

Dw i ddim yn cofio'r daith yn yr ambiwlans na chyrraedd yr ysbyty chwaith. Dw i ddim yn cofio mynd i fy ngwely ar y ward yn Ysbyty Tywysoges Cymru, Pen-y-bont ar Ogwr. Dw i ddim yn cofio dim byd tan i fi ddeffro dros bump wythnos yn ddiweddarach. Fe fues i ar beiriant cynnal bywyd am ddau ddeg wyth diwrnod ac mewn côma ddwywaith yn ystod y cyfnod 'na.

Profiad go ryfedd o'dd dod rownd ar ôl bod mas ohoni am gyfnod mor hir. Ro'dd gofyn treial gwneud sens o bopeth unwaith eto. Y cof o'dd yn aros yn fy mhen o'dd yr hyn ddigwyddodd i fi yn fy stafell wely gartre – dyna'r peth diwetha i aros yn fy ymennydd. Ond ro'n i wedi deffro mewn man cwbwl ddieithr. Serch hynny, fy nheulu fy hunan o'dd o 'nghwmpas. Beth o'dd yn mynd mla'n? Le o'n i? Pam? Pam? Ro'dd popeth yn chwyrlïo rownd a rownd yn fy mhen, a'r meddyliau'n baglu rhwng dryswch a deall am yn ail. A finne'n gorwedd ar fy nghefen a'r teulu'n gylch o 'nghwmpas, ro'dd yn teimlo fel petawn ar fy ngwely angau a nhwthe fel cylch galarus yn barod i fy hebrwng o'r byd 'ma.

Ymhen peth amser ro'n i'n barod i holi'r rhai o'dd gyda fi am fy sefyllfa ac fe ofynnes beth o'dd wedi digwydd. Ond do'dd dim llais 'da fi. Fel rhan o 'nhriniaeth, fe ges *tracheotomy* ac ro'dd hynny wedi effeithio ar fy ngallu i siarad. O ganlyniad, ro'dd cyfathrebu'n anodd dros ben, wrth gwrs, a'r unig beth o'dd yn bosib o'dd eu bod nhw'n gweud y stori wrtha i'n raddol bach. Do'dd dim modd i fi gwestiynu na gofyn am eglurhad pellach ynglŷn ag unrhyw beth. Yn raddol, felly, da'th fy stori i'r amlwg. Fe gymron nhw gryn dipyn o amser cyn gweud y pethe gwaetha ond fe dda'th rheini yn diwedd hefyd. Er mor anodd o'dd e i gymryd y cwbwl mewn a dechre derbyn beth o'dd wedi digwydd i fi heb 'mod i'n gwbod, ro'dd yn bendant wedi bod yn anoddach iddyn nhw fyw'r pump wythnos diwetha nag o'dd e i fi. Ro'n i mas ohoni. Yn gwbod dim. Ro'n nhw'n byw ac yn teimlo'r cwbwl. O'n safbwynt i, fe es yn dost yn y stafell wely ac fe 'nes i ddihuno'n teimlo'n ocê mewn ysbyty. Gallai'r cwbwl fod wedi digwydd mewn un diwrnod mor belled ag o'n i yn y cwestiwn. Ro'dd yn bump wythnos o brofiad dirdynnol iddyn nhw.

Gwynebau Mam a Sian yw'r rhai wnaeth yr argraff fwya arna i wrth i fi ddod rownd. Ro'dd 'na olwg o ryddhad mawr ar wynebau'r ddwy. Ar wyneb Mam, gweles y rhyddhad bod ei mab wedi dod drwy'r cwbwl. Ro'dd rhyw olwg fach ychwanegol ar wyneb Sian, rhyw olwg o'dd yn gweud 'Y bastard, ti'n gwbod be ti wedi rhoi ni drwyddo fe?' Nid nad o'dd hi'n ddiolchgar fy mod wedi dod drwy'r cwbwl – wrth gwrs ei bod hi – ond ro'dd hi'n nabod fi'n hen ddigon da i allu cyfleu rhyw neges fach arall hefyd yn ddigon chwareus. Gweld gwynebau Mam a Sian wrth ddod rownd am y tro cynta, a gweld yr arswyd a'r rhyddhad yn ware yn eu llygaid am yn ail, o'dd yr agosa ddes i at wynebu'r ffaith i fi fod yn agos iawn at farw yn ystod yr wythnosau cynt. Ond nid ystyried hynny'n gymaint yn nhermau fy mywyd 'nes i, ond yn hytrach yn y ffordd y bydde hynny wedi effeithio arnyn nhw a gweddill y teulu. Ro'dd yr un olwg yn amlwg ar wynebau'r teulu i gyd yn ystod y cyfnod fues i yn yr ysbyty ac wedi i fi ddod gartre. Ond 'nes i fyth sefyll wyneb yn wyneb â fi fy hunan, nac edrych i lygaid angau chwaith, na dechre gofyn cwestiynau am fy meidroldeb fy hunan. Gododd e ddim braw arna i, na gwneud i fi deimlo fel bod dynol diymadferth, bregus. Beth dda'th yn amlwg drwy'r holl brofiad o'dd bod mwy o ofn bywyd arna i na'r tywyllwch yr ochr draw.

Y peth cynta i ware ar fy meddwl o'dd effaith y *tracheotomy*. Ro'n i'n becso na fydde'r llais yn dod 'nôl. Dyna o'dd wedi rhoi bywoliaeth i fi ar hyd fy ngyrfa. Canu. Cyflwyno. Dau beth sy'n gwbwl ddibynnol ar y llais, wrth natur. Hefyd, ro'dd y *seizure* wedi bod mor ddifrifol, a fy nghorff wedi tenso lan siwd gymaint, ro'dd *tendons* un o 'mysedd – bys cynta'r llaw dde – wedi rhwygo a do'dd y bys, o ganlyniad, ddim yn gallu symud. Fe barodd hwnna am fisoedd. Gofid wedyn, wrth gwrs, y bydde ware'r gitâr yn profi'n anodd ddychrynllyd, os nad yn amhosib, ynghyd â chymaint o bethe eraill bywyd bob dydd sy'n ddibynnol ar fys cynta'r llaw dde. Ond ro'dd pethe gwa'th na hynny i'w gwynebu.

Pan dda'th y dydd i adael yr ysbyty, do'n i ddim yn gallu gwneud hynny dan fy stêm fy hunan. Ro'dd yn rhaid i fy mrawd Daf fy ngwthio mas o'r adeilad mewn cadair olwyn, gan nad o'n i'n gallu cerdded. Ro'n i wedi anghofio siwd o'dd gwneud hynny. Fe gymrodd amser hir i fi ddysgu cerdded yn iawn unwaith eto. Ro'n i'n 40 mlwydd oed ac yn ffaeledig, heb syniad faint y bydde fe'n cymryd i fi ddod 'nôl fel o'n i. Teimlad rhyfedd o'dd cerdded lan a lawr yr hewl y tu fas i fy nghartre yng Nghefn Cribwr, gyda ffrâm *zimmer* o fy mla'n, gan gymryd amser hir i gerdded y pellter lleia. Y bobol fydden i'n cwrdda wrth fynd mas fel hyn o'dd y rheini y bydden i'n arfer eu gweld wrth fynd â'r ci am dro. Dyna ro'n nhw'n dal i'w wneud, ond ro'n i'n gorfod dysgu fy hunan i gerdded unwaith eto ac aelodau fy nheulu yn gorfod mynd â fi mas er mwyn gwneud hynny.

Ambell waith wrth fynd mas i dreial cerdded, yn enwedig pan dda'th yr amser pan o'dd hi'n bosib i fi ddechre gwneud hynny ar fy mhen fy hunan, ma'n rhaid gweud y dechreuodd ambell syniad gronni i fi fod yn agos iawn at adael y byd 'ma. Wnaeth hwnna ddim codi ofn arna i ond fe wnaeth i fi sylweddoli beth o'dd wedi digwydd. Da'th un peth arall â'r holl beth yn real iawn, sbel wedi i fi ddechre gweithio eto. Ro'n i'n gweithio i ffarmwr o'r enw Robert Williams yn ardal Ogwr. Ma fe'n foi cyhyrog, cydnerth a dim nonsens yn perthyn iddo fe o gwbwl. Un dydd, mewn priodas, dechreuodd y ddau ohonon ni gwmpo mas yn ddigon chwareus a herio'n gilydd drwy'r amser. Yng nghanol hyn i gyd, fe wedes i wrtho nad o'dd e hyd yn oed wedi trafferthu dod i 'ngweld yn yr ysbyty. Fe dawelodd, rhoi stop ar y sbort a'r sbri ac edrych yn syth i fy ngwyneb a gweud 'Yes, I did… I did come to see you… I asked the doctors if I could be allowed to see you out of hours… I sat by your bed and was so glad that I had come in when there was no-one else there… because I wouldn't want anyone else to see me crying. I kissed your hand before I left.' Siglodd hwnna fi: bod ffarmwr o'dd yn real hen stoc wedi ca'l ei effeithio gymaint, ac mor emosiynol wrth fy ngweld yn gorwedd ar fy nghefen.

Ro'dd tamed bach o fecso am un elfen arall o'r tostrwydd hefyd, sef cyflwr fy meddwl. Ond, diolch byth, do'dd y gofid hwnnw ddim yn un cryf iawn. Fel wedes i, do'n i ddim yn gwbod lot am beth o'dd wedi digwydd, felly ro'dd yn rhwydd peidio gadael i'r profiad ware gormod ar y meddwl. Mor belled ag o'n i yn y cwestiwn, fe a'th y gole bant un dydd ac wedyn da'th e 'nôl mla'n. O ganlyniad, fe 'nes i osgoi hunllefau seicolegol a chorfforol y DTs, y *delirium tremens* ma pobol sy'n gaeth i alcohol yn gallu eu profi wrth geisio dod yn rhydd o'r caethiwed hwnnw. Ches i ddim y problemau yna o gwbwl. Felly, o ddod rownd a dechre cryfhau, ro'n i'n grediniol mai pwl bach ro'n i wedi ei ga'l ac y bydde popeth yn iawn mewn dim amser. A chyn hir, fe fydde'n bosib i fi ga'l drinc bach unwaith eto. Ro'n i'n disgwyl y bydde hynny'n gallu digwydd ymhen rhyw chwe neu saith mis ar ôl i fi adael yr ysbyty. I fi, ro'dd hynny'n hen ddigon o amser i bethe ddechre siapo unwaith eto.

Ond ro'dd yn amlwg nad o'dd fy meddwl, na fy ffordd o feddwl, wedi symud modfedd o'r man le o'n nhw cyn i fi fynd i'r ysbyty. Fe ddechreues feddwl y bydde'n iawn i fi ga'l diod fach gyda'r nos, marce saith o'r gloch. Wedyn, droiodd hwnna i ga'l diod am bedwar y prynhawn. Wedyn, yn gynharach yn y prynhawn, ac yna amser cinio. Cyn hir, ro'n i'n dechre yfed peth cynta'n y bore unwaith eto a'r yfed yn para trwy'r dydd. Ro'n i wedi dod i feddwl 'Os 'nes i lwyddo i ddod trwy'r uffern y bues i drwyddi, yna does dim byd yn mynd i fy llorio mwyach.' Dyna'r effaith gafodd bod yn yr ysbyty arna i mewn gwirionedd, nid gwneud i fi fod yn fwy sensitif i'r cyflwr ro'n i ynddo. Ro'n i'n teimlo na allai neb fy nhrechu. Ro'n i'n deffro yn y bore unwaith yn rhagor yn teimlo'n anesmwyth tu hwnt tan i fi ga'l rhywbeth i'w yfed.

Fe wnaeth yr yfed bara am rhyw bedair wythnos. Dechreues feddwl wedyn fy mod 'nôl unwaith eto yn yr un man. Diolch byth, ro'dd modd siarad am y peth gyda Sian a Mam. Trwy eu help nhw, a sawl ffrind arall ro'n i'n mynd i'r clybiau gyda nhw ac o'dd â phroblemau alcohol eu hunain mewn gwirionedd, fe 'nes i dreial sorto'r broblem 'ma mas unwaith eto. Fe ddwedon nhw bod angen i fi ishte ar 'yn ddwylo i bob pwrpas am dridie, i stopio eto. Hynny yw, ro'dd pawb yn gweud y dylen i leihau'n raddol, a'r tro 'ma wynebu holl angerdd y DTs go iawn. Pan gewn ni annwyd, ma fe yn ein cyrff ni. Pan gewn ni unrhyw salwch tebyg arall, ma fe yn y corff. Ond ma'r DTs yn y pen. Ro'dd pawb yn gweud wrtha i y bydde fe o les i fi fynd trwy'r ffordd fwy derbyniol, ond mwy poenus, o dreial rhyddhau fy hun o 'nghaethiwed. Ro'dd sawl ffordd wahanol o feddwl yn troi rownd yn fy mhen wrth glywed hyn i gyd. Ar un llaw, do'dd dim modd anghofio i fi fod yn yr ysbyty unwaith yn barod, mewn cyflwr go ddifrifol, ac ro'dd becso am orfod mynd trwy'r un peth eto'n ware rhywfaint ar y meddwl. Ro'dd yn deimlad rhyfedd. Mewn un ffordd real ofnadw, do'dd y tro yn yr ysbyty ddim wedi digwydd i fi o gwbwl. Ond eto i gyd, ro'n i'n meddwl falle y gallai ddigwydd eto. I ganol hyn i gyd, da'th teimlad newydd. Wel, ro'n i'n meddwl i fi fy hunan, fe ddes i ben â pwsho pethe'n weddol bell tro diwetha, sgwn i pa mor bell alla i bwsho pethe tro 'ma?

Erbyn cyrraedd y man lle ro'n i 'nôl yn yfed peth cynta'n y bore, fe 'nes i benderfynu eto i roi stop ar bethe yn y man a'r lle, cyn bod yr alcohol yn cydio mor gryf ag yr o'dd wedi gwneud yn y lle cynta. Des i ben â gwneud hynny heb fynd i'r un gornel dywyll. Fe es yn sâl eto, ond ddim hanner mor ddifrifol â'r tro cynta. 'Nôl wedyn i yfed wedi peth amser a hynny'n para am dair wythnos y tro 'ma, cyn penderfynu fod angen rhoi stop arni unwaith eto. Dyma fi'n sâl unwaith eto am dipyn ond, wedi cryfhau rhywfaint eto, 'nôl ar y botel. Pythefnos barodd pethe tro 'ma cyn treial stopio eto. Felly, fe es am bedair wythnos o yfed eto ar ôl dod mas o'r ysbyty cyn mynd yn sâl eto. Tair wythnos o yfed wedyn cyn diodde unwaith yn rhagor ac, yna, pythefnos o yfed cyn sylweddoli nad o'dd y drefn o yfed a stopio yn gweithio. Wedodd Mam yn blwmp ac yn blaen wrtha i nad o'dd unrhyw obaith i fi barhau fel'na, nad fi fydde'n ennill yn diwedd.

Ac ro'dd Mam yn gwbod – fe fuodd hi drwy'r un peth. Pan o'n i'n blentyn, ro'n i 'da Mam lot fawr ac yn agos iawn ati. Pan ges i fy ngeni, ro'dd Dafydd yn saith oed, Rhian yn wyth a Delyth yn ddeg. Felly, ro'n i'n dal yn blentyn bach pan o'dd y tri arall wedi gadael i fynd i'r ysgol fawr. O ganlyniad, ro'n i 'da Mam dipyn mwy na'r un o'r lleill yr adeg hynny. Ond dechreuodd pethe newid. Mewn ffordd plentyn bach o feddwl, ro'n i'n gwbod nad o'dd pethe fel o'n nhw wedi bod. Fe dda'th 'na ryw ddieithrwch rhyngdda i a Mam. Do'dd dim modd i blentyn ddeall nac esbonio'r fath beth, dim ond ei deimlo. Fe barodd hyn am flynydde.

Ma cof clir iawn 'da fi siwd o'dd pethe yn y blynydde ro'dd Mam yn sâl. Ma sawl digwyddiad wedi aros 'da fi o'r blynydde pan o'n i'n rhy ifanc i ddeall beth o'dd yn digwydd ond sydd erbyn hyn yn arwyddion clir o'r sefyllfa ro'n ni ynddi fel teulu. Dw i'n cofio un haf, tua 1975 dw i'n credu, ac ro'dd un o'r peiriannau golchi *twin-tub* 'da ni gartre ar y ffarm. Ro'dd e wedi ca'l ei dynnu mas o'i gwtsh arferol, gan ddangos shilff y tu ôl iddo. Ar y shilff, fe 'nes i sylwi fod 'na wydraid o beth dw i'n gwbod nawr o'dd yn *gin* a tonic. Gofynnes i Mam beth o'dd e.

'Ti ishe tamed bach? Dyw e ddim yn neis iawn, cofia,' wedodd hi, gyda'r gobaith y bydde'r blas mor afiach fel y bydde'n gwneud i fi gadw draw o'r ddiod yn llwyr. Fe gymres ddiferyn o'r gwydr.

'O, ma hwn yn ffein!' Dyna o'dd fy ateb i. Do'dd y tric ddim wedi gweithio. Flynydde'n ddiweddarach, ro'n i'n siarad 'da Jac Crown 'nôl yn ardal Blaenporth gartre, ac ro'dd Dai Llwyngwyn gyda ni hefyd. Ro'dd y ddau'n cofio digwyddiad pan roion nhw flas o whisgi i fi, a finne'n fabi bach. Medde Dai wrtha i, 'O'n i'n gallu gweld pryd 'ny bod ti'n lico'r stwff!'

Wedi digwyddiad y *twin-tub*, fe wnaeth Mam guddio'r gwydrau a'r ddiod yn fwy gofalus. Ma 'da fi gof digon clir, o ddyddie diwedd ysgol gynradd mla'n, o ddod o hyd i boteli di-ri o Gordon's Gin mewn mannau gwahanol o gwmpas y ffarm. Os bydden i'n digwydd dod o hyd i un lawn bydden i'n ei harllwys lawr rhyw gwter neu ddraen. Tua pum mlwydd oed o'n i pan dda'th y teimlad 'ma drosta i fod 'na bellter rhyngdda i a Mam. Erbyn i fi gyrraedd y deg oed, ro'dd Dad wedi hen weithio mas fod 'na gysylltiad rhwng salwch Mam a'r ddiod. Fe a'th â hi at y doctor er mwyn dechre triniaeth, a chyn i fi adael ysgol gynradd ro'dd Mam ar Ward Teilo yn Ysbyty Glangwili, Caerfyrddin. Yng nghanol y saithdegau, wrth gwrs, ro'dd lot llai o ymwybyddiaeth o alcoholiaeth a rhwydd i bawb, yn deulu a ffrindie, o'dd derbyn y sefyllfa fel un tipyn mwy normal nag y dyle hi fod. Pan o'dd Mam wedi dod mas o'r ysbyty am y tro cynta, ro'dd yn deimlad braf tu hwnt teimlo fy mod wedi ei cha'l hi 'nôl.

Fel'na o'dd hi o hynny mla'n, Mam yn cwmpo 'nôl i'r patrwm yfed wedi sbel o fod yn dda ar ôl dod mas o'r ysbyty. Bydde hi'n deffro yn y bore ac yn yfed nes ei bod hi'n cysgu, pryd bynnag fydde hynny. Ro'dd hi'n bwrw ati 'da pethe bywyd bob dydd cystal ag o'dd y salwch yn caniatáu ac yn dal i ofalu am ei phlant gore gallai hi. Yfed nes ei bod yn cwmpo i gysgu, dyna batrwm alcoholiaeth Mam, a lot o bethe bywyd bob dydd, wedyn, yn mynd i'r naill ochr. Ro'dd fy alcoholiaeth i'n gwbwl wahanol. Ro'n i'n yfed er mwyn bod ac er mwyn byw. Y ddiod o'dd yn fy helpu i i wneud yr hyn o'dd angen ei wneud a phetaech chi'n siarad gyda fi ar ddiwedd dydd, wedi'r chweched botel o win, y tebygrwydd

yw na fydde chi damed callach o 'nghyflwr. Ma
un tebygrwydd amlwg, fodd bynnag, heblaw am
nodweddion cemegol y ddibyniaeth ei hunan. Pan
o'n i'n cyrraedd gartre o'r ysgol, ro'n i'n gwbod yn
syth wrth agor drws y tŷ os o'dd Mam wedi bod yn
yfed neu beidio. Ro'dd yr arogl wrth agor y drws yn
ddigon i ddangos hynny. Ma Sian yn gweud yr un
peth amdana i.

Ma'n siŵr i Mam fynd 'nôl a mla'n i'r ysbyty er
mwyn derbyn triniaeth rhyw bedair gwaith i gyd. Fe
gafodd hi dabledi hefyd, o'dd i fod i wneud iddi fynd
yn sâl iawn petai'n cyffwrdd dropyn o alcohol. Ond
yn diwedd, ro'dd yr angen am ddiod yn gryfach nag
ofn y salwch ro'dd y tabledi'n ei achosi.

Do'dd dim llawer o ffrindie agos 'da fi drwy'r ysgol
gynradd, a finne wedi dewis bod mas ar gyrion pethe.
Ro'dd dau ffrind 'da fi mewn gwirionedd yn y dyddie
cynnar, Dylan a Huw Thomas o siop Blaenannerch.
Dylan yr un oed a Huw yn hŷn o dair blynedd. Ro'dd
siop Blaenannerch yn ganolfan i'r pentre ac ro'dd yr
un peth yn wir am giosg coch y ffôn cyhoeddus y tu
fas iddi, ger ffordd fawr yr A487. Do'dd byth awydd
mawr arna i ga'l ffrindie draw am barti ar ddydd fy
mhen blwydd. Ond ro'dd y ddau 'ma, Dylan a Huw,
a hefyd Shan Tŷ Mawr (chwaer Richard sy'n gyfaill
mawr i fy mrawd Dafydd) yn ca'l dod i ford cegin yr
Hendre i fy mharti pen blwydd bob tro. Nhw, ond
neb arall. Ro'n ni hefyd yn cwrdda'n weddol amal

heblaw am y pen blwyddi, yn enwedig pan wnaethon ni ddysgu reido beics. Ro'n ni'n amal lan ar dir yr Hendre yn mynd o amgylch coedwigoedd y ffarm i weithio dens amrywiol lle bydde ni'n gweud straeon am Big Foot wrth ein gilydd, o'dd yn cynnwys gweud, heb flewyn ar ein tafod, bod cysgod un o'r angenfilod hynny wedi symud yn y coed a hynny, wrth gwrs, yn codi ofn dychrynllyd arnon ni.

Droeon eraill bydde ni'n mynd o amgylch y *drome*, sef Parc Aberporth bellach, er mwyn chwilota'r hen *pillboxes* o'dd yn dal yna ers adeg yr Ail Ryfel Byd. Y bocs o ddiddordeb mwya i ni o'dd yr un ar y ffin rhwng Llwyncoed a'r *drome* achos ynddo ro'dd ffrâm harn yn dal i sefyll o'dd yn edrych fel stondin dryll awtomatig. Gelon ni lot fawr o sbort yn chwarae fan'na, yn ogystal â ger y bocs o'dd ar dir Llwyngwyn, lle gelon ni sawl row hefyd. 'Ble ddiawl y'ch chi blant yn mynd? Beth y'ch chi'n neud fan hyn? Bydda i'n siarad 'da'ch rhieni,' bydde Dai Llwyngwyn yn gweud wrthon ni wrth i ni redeg bant, ac ynte'n ysgwyd ei ddwrn.

Ar un o'r achlysuron pan es i lawr i weld Dylan a Huw ar fy meic ces brofiad ofnadw. Mis bach o'dd hi a finne'n un ar ddeg mlwydd oed. Ro'dd Mam newydd ga'l efeilliaid, Tristan ac Esyllt. Bydde hynny'n newid byd syfrdanol i unrhyw aelwyd, wrth gwrs. Ond ro'dd gorfod dygymod â hynny mewn sefyllfa le ro'dd y fam yn sâl beth bynnag yn dipyn mwy difrifol. Ma'n siŵr mai ishe ca'l rhyw hoe fach o'r hyn o'dd yn mynd mla'n gartre o'dd y rheswm dros fynd ar gefen y beic i Flaenannerch yn y lle cynta. Dyna le o'dd y tri ohonon ni ar ein beics o fla'n y siop ym Mlaenannerch pan ganodd ffôn y ciosg cyhoeddus. Edrychon ni ar ein gilydd. Do'dd y ffôn 'na byth yn canu. Fel bach o sbort, wrth i fi roi fy meic lawr, wedes i 'Wna i ateb e.' Ro'dd golwg ddireidus ar wyneb y bois. Mewn â fi a chodi'r ffôn a gweud 'Helo'.

Saib o'r ochr draw. 'Is this Mr Jones?'

Ces i sioc wrth glywed hynny. Ond Mr Jones o'n i, felly fe 'nes i gydnabod hynny wrth y dyn ben arall y ffôn.

'Yes, it is,' medde fi.

Do'n i ddim yn barod am yr hyn dda'th nesa.

'I'm afraid I have some rather bad news for you. We regret to inform you that your daughter Esyllt has died.'

Ro'dd yr ysbyty wedi ffonio'r rhif anghywir ac wedi mynd trwodd i'r ciosg ym Mlaenannerch ar ddamwain, a finne'n digwydd bod yn sefyll wrth ei ochr ac, wrth ateb y ffôn, yn clywed fod fy chwaer fach newydd bedwar mis oed wedi marw. Anodd disgrifio siwd ro'n i'n teimlo. Ond ro'dd gwa'th i ddod, wrth gwrs. Ro'dd gofyn mynd 'nôl adre wedyn er mwyn torri'r newyddion i Dad a Mam. Ro'dd yn brofiad dirdynnol i grwt un ar ddeg oed orfod rhannu newyddion fel'na gyda'i rieni. Allwch chi ddychmygu siwd o'n i'n teimlo?

Cafodd Esyllt ei geni â thwll yn ei chalon ac ro'dd ganddi Down's syndrome hefyd. Bu'n dost o'r diwrnod cynta y cafodd hi ei geni ac fe awgrymwyd nad o'dd dod i fod iddi. Ro'n ni'n disgwyl y gwaetha mewn gwirionedd, ond fe barodd bedwar mis cyn iddi golli ei brwydr. Wedi'r fath drychineb, plannwyd coeden i gofio amdani ar dir yr Hendre. Ro'dd yn rhaid dygymod â cholled nawr. Ro'dd gofyn galaru yng nghanol salwch Mam, profi emosiynau amrwd mewn sefyllfa ddigon bregus beth bynnag. Does 'da fi ddim syniad beth o'dd yn mynd trwy feddwl na chalon Mam pan o'dd hyn i gyd yn digwydd. Nid am nad ydw i'n gwbod y stori, ac nid am nad o'n i yna pan o'dd popeth yn digwydd, ond achos nad yw'n bosib i fi roi fy hunan yn y man le o'dd hi ar y pryd.

Ro'dd 'na fabi'n dal ar yr aelwyd, wrth gwrs. Ro'dd Tristan yn fyw ac yn iach ac angen y gofal a'r fagwraeth fydde eu hangen ar unrhyw fabi. Ro'dd hynny'n anodd i Mam, felly ro'dd peth o'r cyfrifoldeb yn cwmpo ar y ddau arall o'dd yn byw yn y tŷ. Ro'dd Dafydd, Rhian a Delyth wedi gadael cartre erbyn hynny ac yn dechre eu gyrfaoedd unigol. Felly, ro'dd Dad a fi hefyd yn gorfod gweld at fagu Tristan. Fe dynnodd hynny fi a Dad yn agos iawn at ein gilydd ac fe ddaw lot mwy am hynny i'r amlwg dros y tudalennau nesa dw i'n siŵr. Digon yw gweud nawr mai fe o'dd fy ffrind penna yn ogystal â bod yn dad i fi.

Yn diwedd, mynd i Ganolfan Driniaeth Rhoserchan ar bwys Aberystwyth sortodd Mam mas, a hynny pan o'n i'n un ar bymtheg oed. Ma Rhoserchan yn ganolfan breswyl sy'n helpu pobol wella o'u dibyniaeth ar alcohol a chyffuriau. Fe dda'th mas o fan'na wedi gwella, ond ro'n i'n dal i ddala 'nôl tamed bach, yn aros am y diwrnod hwnnw pan fydde hi'n cwmpo 'nôl i'r un trap eto. Wnaeth hi ddim, ond am sbel do'n i ddim yn siŵr a rhaid o'dd bod yn ofalus, rhag ofn.

Ma'n gwneud i chi feddwl, on'd dyw e? Fe weles i hyn i gyd yn digwydd ar yr aelwyd, ac fe gwmpes i mewn i'r un trap yn gywir. Ma'n hawdd i fi feio'r teulu a gweud mai rhywbeth yn ymwneud â geneteg yw'r holl beth ac felly nad oes dim bai arna i. Ond cellwair fydde hynny. Ma nhw wedi gweud, y bobol sy'n gwbod, fod geneteg yn ffactor amlwg yn hanes salwch Mam a fi. Yn bendant, ma 'na nam yna. Ma gwendid yna. Ma hynny'n amlwg. Ac un peth sy'n gwneud i fi feddwl fod gen i'r gwendid hwnnw, yn ogystal â hanes y *gin* a'r whisgi wedes i 'nghynt, yw stori sy'n mynd â fi 'nôl i pan o'n i'n bedair blwydd oed. Dyna pryd 'nes i ddarganfod gwynt petrol.

Ar ffarm ma 'na ryddid mawr i blentyn wilmentan fan hyn a fan 'co a phan nad o'n i wrth ochr Dad, un dydd, fe ddes ar draws can petrol. Agores y caead a mwynhau arogl hyfryd yr hyn o'dd tu fewn. Ond yn fwy na hynny, sylweddoles ei fod yn gwneud i fi deimlo'n neis tu mewn i fi – ro'dd yn brofiad pleserus. Fe drodd hynny'n arfer wedyn o fynd at y caniau petrol, agor y caead, rhoi fy moch wrth ochr yr agoriad ac anadlu'r petrol mewn i'n ffroenau. Ro'dd pendroni mawr wedyn a'r holl beth yn eitha gwefr, yn gic i'r teimladau. Fe a'th hi'n rhy bell un diwrnod ac fe wnaeth Dad ddod o hyd i fi'n gorwedd fflat-owt ar lawnt y tŷ, mas ohoni'n llwyr. Ond dda'th hynny ddim â'r arogli petrol i ben, o naddo. Beth amser wedyn, ro'dd gan Dad Fiat 128, a 'nes i sylwi fod bŵt y car ychydig ar agor. Draw â fi a'i agor yn llawn, a chlywed arogl petrol yn codi ar yr awel wrth i fi wneud hynny. Plyges lawr yn is er mwyn mynd yn agosach at ffynhonnell yr arogl, sef y tanc petrol wrth gwrs. Bagles dros rywbeth a chwmpo'n dwlpyn mewn i gefen y car, gan dynnu'r caead lawr gyda fi a chau fy hunan yn dynn yn nhywyllwch bŵt y Fiat. Cododd y tywyllwch rhyw ofn arna i – ro'dd yn sefyllfa ddigon brawychus i fod ynddi. Yr ateb i fi ddelio 'da'r ofn o'dd arogli cymaint o betrol ag y gallen i er mwyn dygymod â'r sefyllfa. Fe weithiodd hynny am sbel, ond fe a'th y tywyllwch yn drech na phopeth arall a dyna le o'dd cicio a sgrechen wedyn i ga'l dod mas. Ond ro'dd yn arwydd cynnar o duedd fydde dipyn mwy amlwg yn hwyrach yn fy mywyd. Dw i ddim yn gwbod os mai'r cicio a'r sgrechen dynnodd sylw'r teulu at fy nghaethiwed, neu weld fod pethe wedi mynd yn dawel am sbel lot yn hirach nag arfer, ond fe ddaethon nhw yn diwedd i fy rhyddhau.

Felly, fe ddes i drwy'r bygythiad 'na i'm bodolaeth. Siglwyd y sylfeini'n yfflon ond, diolch byth, wnaeth y tŷ ddim cwmpo lawr. Ro'dd y cyfnod pan o'n i'n gwaethygu, cyn mynd i'r ysbyty, yn cyd-redeg â'r cyfnod pan o'dd Dad yn dechre mynd yn sâl. Fe gollodd e'r frwydr i fyw cyn i fi fynd mewn i'r ysbyty. Dw i'n hynod falch nad o'dd e wedi fy ngweld yn y cyflwr ro'n i ynddo pan o'n i ar fy ngwaetha. Dw i'n hynod falch na welodd e 'mod i wedi dilyn yr un llwybr ag a'th Mam ar ei hyd a dod â'r holl atgofion 'na 'nôl iddo fe. Bydden i'n ei ffindo'n amhosib byw 'da'r ffaith fy mod i wedi achosi iddo ail-fyw cyfnod mor dywyll. Bydde hynny wedi gwasgu arna i, heb amheuaeth. Ac os o'dd e wedi sylweddoli fod pethe'n gwaethygu arna i, wnaeth e ddim dangos hynny. Erbyn hynny ro'dd e wedi hen weld fy mod wedi dechre gwneud fy ffordd yn y byd mawr. 'Dilyn dy drwyn' o'dd ei agwedd e at siwd ddyle pawb fyw eu bywydau ac ro'n i wedi ca'l yr un rhyddid i wneud hynny. Ma hynny'n gwbwl iawn, wrth gwrs, os yw'r llwybr sy'n agor o'ch bla'n yn llwybr da. Mater arall yw hi os yw e'n llwybr tywyll. Ro'dd fy nhra'd i wedi dechre crwydro ar hyd y llwybr tywyll pan gydiodd y canser yn fy nhad a dod â'i fywyd e i ben. Diolch byth na welodd e fi ymhellach lawr y llwybr hwnnw.

Ro'dd yn amser anodd iawn pan o'dd Dad yn dost. Ma nhw'n gweud os mai canser y pancreas sydd 'da chi, unwaith rydych chi'n teimlo'r poen ma'n rhy hwyr yn barod. Fel'na o'dd hi 'da Dad. Ro'dd y poen yna cyn iddo ga'l unrhyw fath o ddiagnosis, a hithe'n ddyddie diwetha arno erbyn hynny. Cafwyd angladd breifet iddo, i ni'r teulu'n unig, ac yna oedfa goffa yng Nghapel Mair, Aberteifi. Ro'dd y lle dan ei sang ac fe wnaeth hynny gryn argraff arna i. Ers ei farw, dw i wedi dod i sylweddoli ac i werthfawrogi fwyfwy faint o barch o'dd iddo a chymaint o'dd ei ddawn. O ystyried hynny, ma pobol yn gofyn i fi nawr os o'dd bod yn fab i Dic Jones yn bwyse neu'n faich. Nag o'dd, dim mewn unrhyw ffordd o gwbwl. Ma lot yn gofyn i fi pam nad ydw i'n barddoni. Ma'r ateb yn syml. Petawn i'n gwneud hynny, bydde pawb yn fy nghymharu gyda 'nhad drwy'r amser a fydde hynny ddim yn sefyllfa greadigol iawn.

I ddod â stori'r yfed i ben, dw i wedi gwella'n llwyr erbyn hyn, ac wedi cryfhau. Fe dda'th y cerdded a'r siarad 'nôl, a'r defnydd o'r bys cynta ar y llaw dde. Ond ma un tro arall. Erbyn hyn, dw i hyd yn oed yn mwynhau ambell beint o bryd i'w gilydd. Ma'r rheini sy'n ffrindie i fi ac yn alcoholics yn gweud nad yw hynny'n bosib ac mai dechre'r diwedd yw hi unwaith eto os wna i gyffwrdd ag un diferyn o alcohol. Ond dw i'n gallu ca'l diod gyda'r nos, a'i gadael yn un ddiod, a chodi'r bore wedyn heb deimlo unrhyw effeithiau drwg nac awydd i ga'l diod arall chwaith. Galla i fynd am ddyddie wedyn heb ishe'r un ddiod o gwbwl. Dyw'r hen batrwm yfed ddim wedi ailgydio. Dyw hynny ddim yn arferol, ma'n rhaid gweud. Ond ma pethe wedi sortio yn fy mhen ac yn fy mywyd sy'n rhoi'r cryfder i fi, ma'n amlwg, i allu gwneud hynny. A nawr 'mod i 'ma i allu gweud y stori, dyma hi. Fy hunan-anghofiant. Dyna yw bywyd: cadwyn o ddigwyddiadau a phrofiadau sy'n dibynnu ar gofio'r hunan ambell dro ac anghofio'r hunan dro arall. Ma'n siŵr, yn fy achos i, bod mwy o'r ail a llai o'r cynta. Dyna pam mai hunan-anghofiant gewch chi fan hyn.

Part mawr iawn o'r ffordd dw i'n meddwl 'nôl am Dad nawr yw meddwl 'mod i wedi ei adael e lawr yn aruthrol, a hynny am nad ydw i wedi gallu cario mla'n i ffarmo yn yr Hendre, ffarm y teulu ers blynydde mawr a thir sydd wedi ca'l ei ffarmo ers canrifoedd gan y Cymry. Dyw'r Hendre ddim yng ngwa'd Mam fel o'dd e 'da Dad. Ro'dd yn fwriad 'da fi gydio yn yr awenau ac ro'n i'n gwneud digon o'n siâr o'r gwaith ffarm cyn gynted ag yr o'n i'n ddigon hen. Fe wnaeth Dafydd lot fawr o waith ar y ffarm cyn iddo fe benderfynu mynd yn blisman. A'r bwriad 'da fi pan wnaeth e hynny o'dd bod yn rhan o gynnal ein bywoliaeth fel teulu amaethyddol, gyda Dad. Yn yr Hendre y des i i'r byd 'ma yn y lle cynta.

Dw i ddim yn cofio'r foment ges i fy ngeni, dim fel ma rhai pobol yn honni beth bynnag. Ond dw i yn gwbod i fi ddod i'r byd 'ma yn stafell wely gefen lawr llawr y tŷ ffarm, neu'r bedrwm bac fel o'dd y teulu'n ei alw. Dim rhyfedd, felly, bod y cysylltiad sydd 'da fi â'r Hendre yn un hir ac yn un emosiynol tu hwnt. Ma'n siŵr 'da fi y bydde'r stori'n wahanol petawn wedi fy ngeni mewn ysbyty. Cefais fy ngeni mewn man penodol, personol, teuluol ac, i raddau helaeth, ma hynny i fi yn fater o 'fi yw'r lle a'r lle yw fi'. Bellach, a finne heb gario mla'n i ffarmo yna, dw i'n teimlo fod linc emosiynol mor gryf gydag un man, fel sydd gyda fi â'r Hendre, yn faen rownd y gwddwg. Ma'r rhai sydd heb gyswllt tebyg yn rhydd mewn ffordd dydw i ddim.

Ro'dd 'na ddau reswm go bendant pam 'nes i ddim llwyddo i droi at ffarmo. Yn gynta, fe a'th y gwartheg godro o'r ffarm. Lan at ganol yr wythdegau, ro'dd da godro 'da ni yn yr Hendre a finne wrth fy modd yn helpu 'da'r godro bob cyfle posib. Ond, pan dda'th y cwotâu llaeth bondigrybwyll, o'dd yn cyfyngu ar faint gallai pob ffarm laeth gynhyrchu, bu'n rhaid torri lawr ar ochr laeth y busnes ac, ymhen dim, ei stopio'n gyfan gwbwl. Trodd Dad at wartheg cig eidion wedyn, sy'n ffordd gwbwl wahanol o ffarmo. Does dim angen ymwneud â'r gwarheg bob dydd, does dim angen eu trin a'u trafod gymaint. Wrth orfod godro mor amal ma modd dod i nabod a deall yr anifeiliaid. Do'dd e ddim 'run peth gyda'r gwarheg ro'n ni'n eu cadw er mwyn eu cig. Dim ond rhyw bedair gwaith y flwyddyn ro'dd ishe'u gweld nhw i weithio gyda nhw go iawn. Do'dd hynny ddim yn apelio cymaint ata i.

Yn ail, tua'r un adeg ag o'dd y llaeth yn gadael y ffarm, fe dda'th cerddoriaeth mewn i fy mywyd i. Ro'dd rhywbeth cyffrous i ddenu'r llygad wedyn, yn enwedig gan mai bachgen ysgol o'n i pan ddechreuodd Jess. Fe brofon ni lwyddiant ac ro'dd bywyd yn ddigon cyffrous. Siawns y daw'r stori 'na yn llawn nes mla'n, ond digon yw gweud fod y ddau ffactor yna wedi gweithio 'da'i gilydd i droi fy sylw i oddi wrth yr Hendre a byd ffarmo. Es i byth 'nôl atyn nhw, a nawr bod Dad wedi mynd ma'n boendod calon i fi nad oes ffordd i fi gario pethe mla'n ar ei ôl.

Ro'dd plentyndod yn yr Hendre yn un delfrydol a gweud y gwir, a finne wrth fy modd yn byw bywyd plentyn clos ffarm – i'r fath raddau fel nad o'n i ddim yn lico mynd i'r ysgol o gwbwl am fod hynny'n golygu gorfod gadael y ffarm. Do'n i ddim yn gweld sens gorfod gadael rhywle lle ro'n i'n berffaith hapus er mwyn mynd lawr yr hewl i le nad o'n i'n hapus o gwbwl ynddo. Dw i ddim yn cofio'r diwrnod fy hunan, ond ma 'na stori amdana i'n cydio'n sownd yn iet yr ysgol a Mam yn treial fy nhynnu oddi arni er mwyn mynd â fi mewn i'r dosbarth. Ro'n i hefyd yn esgus bod yn sâl yn amal iawn er mwyn osgoi mynd i'r ysgol. I fi, ma'r ffaith bod gen i'r fath agwedd mor ifanc yn dangos cryfder y cyswllt emosiynol rhyngdda i a'r Hendre. Ma'n rhwydd rhamantu am y lle wrth edrych 'nôl nawr a threial disgrifio siwd o'n i'n teimlo yn y gorffennol. Ond, a bod yn berffaith onest, wrth feddwl 'nôl am blentyndod y ffarm, heulwen yw'r ddelwedd amlyca a dyna'r llun sy'n ware ar sgrin y meddwl, yn ogystal â llafur yn symud yn y gwynt, y cynhaeaf a dilyn Dad o gwmpas y clos a'r caeau. Fel'na ma fe i fi go iawn. Yng nghyfrol Dad *Storom Awst*, ma 'na gerdd o'r enw 'Cân Brychan' sy'n sôn am y dyddie hyfryd hyn:

Cân Brychan

Pwy fynd i'r ysgol yn yr haf
A ni ar ddechrau'r tywydd braf?

Pwy wrando athro o fore hyd nos
A deryn du ym Mharc Dan Clos?

Pwy eiste lawr, â'r drws ar gau
A Dad yn disgwyl help i hau?

Pwy adael Ffan o naw hyd dri
Heb neb i chware gyda hi?

Dic Jones

Fel wedes i, pan ges i fy ngeni ro'dd y tri arall eisoes
yn saith, wyth a deg oed. Ro'n nhw felly'n gang bach
digon clos i'w gilydd pan dda'th y babi newydd 'ma
i'r aelwyd. Ro'n nhw'n deulu o Dad, Mam a thri o
blant yn barod, cyn fi, felly ro'dd bywyd wedi hen
setlo i batrwm. Ro'dd gan y tri arall eu digwyddiadau
eu hunain, eu ffrindie a'u diddordebau – a'u dens
hefyd! O'dd 'na le yn y byd 'ma i un bach arall? Wel,
o'dd, os mai ar yr ymylon o'dd e, a nhw o'dd yn ca'l
penderfynu pryd o'n i'n ca'l cyrraedd yr ymylon. Nid
eu bod yn cynllwynio yn fy erbyn na dim byd fel'na.
Nid fel'na o'dd hi. Dyna o'dd patrwm bywyd, dyna
o'dd y rhythm ac ro'dd gofyn i fi ddawnsio i dôn
rhywun arall. Fel'na o'n i'n teimlo, beth bynnag, er
na wnaethon nhw ddangos yr agwedd yna tuag ata
i.

Ro'dd Dafydd fy mrawd yn arwr i fi, yr unig
fachgen a'r un o'dd agosa ata i o ran oedran; ro'n
i'n ei edmygu ac yn ei ddilyn gymaint ag y gallwn i.
Dw i'n cofio un adeg pan o'dd Dafydd wrth ei fodd
yn ware golff ar y ffarm gyda phostyn ffenso trydan.
Y llygad ar y pen o'dd y darn i fwrw'r bêl ac ro'dd
yn gafael yn y pig o'dd ar y pen arall. Fe dda'th y
diwrnod sbesial pan o'dd Dafydd wedi gadael i fi
edrych arno fe'n ware golff. Dyma'r tro cynta erio'd
i fi ga'l bod gyda fy mrawd yn ei weld yn gwneud

rhywbeth o'dd yn perthyn i'w fyd e. Rhoiodd Dafydd bêl dennis yn ei lle ar glos y ffarm, a charreg y tu ôl i'r bêl er mwyn ei rhwystro rhag rolio 'nôl. Y bêl dennis o'dd y bêl golff, jocan, a finne'n meddwl fod hynny'n syniad gwych gan Dafydd! Trodd ata i a gweud wrtha i'n gywir lle i sefyll, yn agos iawn ato fe. Safodd wrth y bêl, a'r postyn ffenso yn ca'l ei ddal yn ei law. Ro'n i wedi ymgolli yn fy edmygedd o'r athletwr o'dd yn sefyll o 'mla'n ac yn ymfalchïo ei fod yn frawd i fi. Dw i'n cofio'r sŵn wrth i'r postyn ffens symud drwy'r aer, cofio rhyfeddu at y glatsh wrth i Dafydd daro'r bêl cystal a rhyfeddu'n llwyr wrth weld y bêl yn hedfan i'r pellteroedd. Tipyn o foment! Wedyn, 'nes i ryfeddu fwy byth wrth i'r postyn ffens ddod 'nôl lawr a tharo fi'n gadarn ar fy mhen. A'th yr hyn o'dd yn uchafbwynt reit lawr i'r gwaelodion mor sydyn ag y da'th y postyn lawr ar fy mhen. Ro'dd yn yffarn o gnoc, a gwa'd ym mhobman. Dw i wedi gofyn i Dafydd ers hynny o'dd e wedi rhoi fi i sefyll le o'n i ar bwrpas, gan wbod y bydden i'n debygol o ga'l clatshen ac ynte'n ca'l ware tric ar ei frawd bach. Ma fe'n gweud ei fod yn cofio'r digwyddiad ond ddim yn cofio o'dd e wedi rhoi fi yna'n fwriadol ai peidio. Ma siŵr o fod rhaid i fi gredu fe.

Ma'r cof arall am Dafydd a fi yn ymwneud â chwaraeon hefyd, ond rygbi'r tro 'ma. Ro'dd Rich Tŷ Mawr, ffrind i Dafydd, wedi galw draw a'r ddau'n ware gyda phêl rygbi ar y lawnt o fla'n y tŷ. Ro'n i'n awyddus dros ben i ymuno â nhw ond do'dd dim gobaith, gan nad o'dd Dafydd am i fi fod yn rhan o'u gêm. Un bach o'n i ar y pryd, wrth gwrs, a'r ddau arall yn yr ysgol fawr erbyn hynny. Ma'n siŵr y bydden i'n difetha gêm dau foi o'dd dipyn yn hŷn na fi. Ond ma'n amlwg bod ffrind fy mrawd wedi cymryd tamed bach o drueni drosta i.

'Gad iddo fe ware, gad iddo fe joino miwn,' medde fe wrth fy mrawd, ac ynte'n cytuno yn diwedd i wneud hynny. Ro'n i'n teimlo fel cawr wrth gamu ar y lawnt i ware fy ngêm rygbi gynta, a hynny gyda'r bois mawr. Ma'n siŵr 'mod i'n disgwyl ennill fy nghap ar ôl y gêm, gymaint o'dd fy malchder. A'th Rich a fi i un ochr a Daf yr ochr arall.

'Pasa'r bêl i Brychan!' medde Daf, ac fe wnaeth Rich hynny a finne'n dal y bêl yn syth. Wel, le o'dd dechre rhoi trefn ar fy nheimladau bach bore oes? Nid yn unig ro'n i wedi ca'l caniatâd i ware gyda'r ddau, ac nid yn unig o'dd Rich Tŷ Mawr wedi paso'r bêl i fi, ro'n i wedi ei dal hefyd! Ro'n i mor falch, o'n i ddim yn gwbod beth i'w wneud! Ond, wrth gwrs, yn yr oedi yna i orfoleddu ro'dd y brawd mawr yn gweld y brawd bach â phêl yn ei law, ac fe wnaeth yr hyn y dylid ei wneud mewn sefyllfa o'r fath ar gae rygbi, sef rhoi tacl anferth i fi. Lawr â fi fel carreg ar y borfa a Daf yn gwenu'n braf wrth edrych lawr arna i. Ro'dd profiadau tebyg yn rhai gwerthfawr ac yn llawn hwyl diniwed. Fe ddysges i lot ynglŷn â bois ysgol fawr – a hiwmor creulon ysgol fawr – trwy Daf a'i ffrindie yn gynnar iawn, cyn i fi fynd i'r ysgol gynradd. 'Na beth o'dd addysg!

Ro'dd byd fy chwiorydd yn gwbwl wahanol, wrth gwrs, ac yn fyd o'dd ddim cweit mor hawdd i'w ddeall! Y dirgelwch mwya o'dd eu stafelloedd nhw lan llofft.

Mannau o'dd yn gwbwl estron i fi, a hynny am nad o'n i'n ca'l mynd i mewn iddyn nhw os nad o'dd un o'r ddwy chwaer gyda fi. Ro'dd Daf a fi'n rhannu stafell, yr un lle ces i fy ngeni. Ro'dd fy ngwely i ar hyd ochr un o welydd y stafell ac un Daf ar hyd y wal arall yn gyfochrog â fi, gyda chelficyn bach rhwng y ddau wely. Ma rhai pethe ro'dd dau frawd yn eu rhannu alla i ddim eu rhannu fan hyn, ond digon yw gweud fod Daf yn frawd mawr go iawn, a hynny'n golygu fod yn rhaid iddo ddefnyddio'r brawd bach fel twlsyn, neu *punch bag*, ar bob cyfle posib. Un o'i hoff weithgareddau, wedi i ni fynd i'n stafell gyda'r nos i dreial cysgu, o'dd rhoi ei freichiau y tu cefen iddo ar un gwely a'i dra'd ar y llall, a chodi lan a lawr fel petai'n gwneud *bench press* neu ryw ymarfer tebyg. Ro'dd yn codi a disgyn wedyn, a'i ben ôl yn cyffwrdd â'r llawr bob tro ro'dd e'n disgyn. Ond, wrth gwrs, nid y llawr o'dd oddi tano wrth wneud hyn ond fi'r brawd bach. Ro'n i, fel ffŵl, yn gorwedd ar y llawr a Daf yn disgyn arna i 'da'i holl bwyse ac yn fy hemo bob tro! Ei esboniad o'r angen i wneud hynny o'dd gweud fy mod yn ei helpu gyda'i ymarfer corff! Ro'dd ein stafell ni drws nesa i'r parlwr, sy'n edrych tua'r gogledd a mas dros Aberporth at Fae Aberteifi. Ma'n barlwr yn y traddodiad Cymreig gore. Hynny yw, dyna le ma'r seld yn llawn dop o lestri a, hefyd, dim ond unwaith y flwyddyn ro'dd unrhyw un ohonon ni'n agor y drws a mentro mewn. Amser Nadolig o'dd hynny a bydde'r tân glo yn ca'l ei gynnau a phawb yn ishte rownd y tân i fwynhau'r ŵyl.

Fe dda'th yr amser pan o'dd Daf yn ddigon hen i 'ngwarchod os o'dd Mam a Dad ishe mynd mas. Dw i'n cofio un o'r adegau hynny'n glir. Ro'dd 'na record yn y tŷ, casgliad o ganeuon, ond dw i ddim yn cofio beth o'dd ei theitl. Dw i'n cofio fod llun o un aden *biplane* ar y clawr a menyw'n gwisgo *fishnets* ar gorff yr awyren, ond dyna i gyd. Caneuon Groegaidd o'dd ar y record ac ro'dd un ohonyn nhw'n gân gyflym tu hwnt ar y mandolin. Ro'dd Daf wedi gweithio mas pan fydde tro'r gân 'ma ar y record bydde'r gytgan yn cyflymu. Y gêm wedyn o'dd i Daf godi ei hun ar ddwy gadair, neu beth bynnag o'dd wrth law, ei goesau ar un a'i freichiau ar y llall, ac yna, pan fydde'r gytgan yn dod, ro'dd yn rhaid i fi redeg a threial jwmpo o dan Daf a mas yr ochr arall cyn i'w gorff gyrraedd y llawr. Ond do'n i byth yn ennill, wrth gwrs, a lawr â Daf ar fy mhen yn glatsh bob tro. Ond ro'dd hwnna'n ddechre ar newid. Ro'n i'n hŷn erbyn hynny ac er nad o'n i'n gallu ennill yn ei erbyn ro'n i'n gallu cymryd yr hemad dipyn gwell nag o'n i cynt. O'n i bron yn gallu llwyddo, bron yn gallu rhoi rhywbeth 'nôl iddo fe. Ro'dd y byd yn newid.

Beth bynnag, 'nôl at y ddwy chwaer. Ro'dd bobo stafell 'da'r merched – ac *exclusion zone* go iawn o'n nhw hefyd! Wel, un ffordd sydd i ymateb i sefyllfa fel'na, on'd dyfe? Ro'dd rhaid mynd i wilmentan pan o'dd y ddwy mas o'r tŷ! Hynny yw, mas o dir y ffarm yn llwyr. Ro'dd yn llawer rhy beryglus mentro i'w stafelloedd os mai dim ond mas ar y lawnt neu'r clos o'n nhw.

I stafell Delyth o'n i'n mynd fwya. Fan'na o'dd

y *record player* ro'dd hi'n berchen arno, ynghyd â'r
gitâr. Ro'dd gitâr yn stafell Rhian hefyd. Pan fydde
cyfle, lan y stâr â fi ac agor drws stafell Delyth yn
ofalus. Y peth cynta o'dd yn fy nharo o'dd yr arogl.
Do'dd dim arogl tebyg yn stafell Daf a fi yn bendant!
Gwynt persawr iach a glân fydde'n dod i 'nghyfarfod
wrth i fi fentro mewn i'r stafell. Ro'dd Delyth hefyd
dipyn yn hŷn na fi ac felly ro'dd ganddi steil pendant
ei hun o'dd mor wahanol i'm byd bach i. Ac yna'r
record player! Diolch byth, ro'n i wedi astudio siwd
o'dd gweithio'r peth yn ddigon manwl ar yr adegau
hynny pan o'n i wedi ca'l bod yn y stafell gyda Del.
Ro'n i wedi mentro draw at y casgliad ar sawl un o'r
tripiau blaenorol i'r stafell hefyd, ond wedi cyfyngu'r
chwilfrydedd i edrych drwy'r casgliad ac astudio'r
cloriau. Ro'n i wedi deall fod y disgs yn fregus iawn
a bod angen bod yn ofalus iawn wrth eu trafod. Felly,
un dydd, draw â fi at y casgliad recordiau, rhai *vinyl*,
wrth gwrs, a mentro cydio yn un ohonyn nhw gyda'r
bwriad o'i ware. Edryches ar y record am amser hir,
ei hastudio'n fanwl cyn troi ac edrych ar y peiriant ei
hun am dipyn. A'th fy sylw 'nôl a mla'n o'r record i'r
peiriant wrth i fi dreial magu digon o hyder i fentro.
Yn diwedd, fe 'nes i droi'r peiriant mla'n, rhoi'r record
arno, cydio'n ddigon sigledig yn y fraich a gosod y
nodwydd i lawr ar ymyl y ddisg. Mas â'r sŵn a finne
wrth fy modd i fi lwyddo gyda'r gân 'nes i glywed yn
atsain o'r *record player* bach yn stafell fy chwaer. Y
45 cynta i fi ware, dw i'n cofio fel 'se fe'n ddoe, o'dd
'The House of the Rising Sun' gan The Animals. Fe
'nes i racso'r ddisg 'na yn diwedd, gan i fi ei ware dro

ar ôl tro ar ôl tro. Da'th yr adeg pan o'dd yn rhaid i fi weithredu tric bach arall ddysges i wrth watsho Del yn llechwraidd pan fydde hi'n defnyddio'r peiriant. Ro'dd y record arbennig 'ma wedi marco cymaint yn diwedd, do'dd dim modd ei ware yn y ffordd arferol. Felly, mas â'r darnau ceiniog i'w rhoi i orffwys ar fraich y peiriant, uwchben y nodwydd, fel bod y pwyse ychwanegol yn cadw'r nodwydd lawr ddigon i droi yn y rhigolau fel dyle hi.

Stafell Rhian wedyn, wel, ro'dd honno'n dipyn mwy o *no-go zone*. Lil ma pawb yn y teulu yn ei galw hi, a hynny am nad o'dd Delyth yn gallu gweud Rhian pan dda'th ei chwaer newydd i'r byd. Ro'dd ei hymgais i ynganu'r enw yn troi mas fel Lilian. Fe drodd hwnna'n Lil, ac ma fe wedi glynu. Ma hi'n wahanol berson i Delyth, ac yn llai rhyddfrydol. Ma'n siŵr petai clo ar ddrws ei stafell hi, bydde hi wedi ei gloi bob tro i wneud yn siŵr na allai neb fynd mewn. Canlyniad hynny i fi, wrth gwrs, o'dd gwneud yr holl beth yn fwy diddorol. Ro'dd yr holl beth yn creu mwy o chwilfrydedd am ei fod yn fwy o gyfrinach. Ond ro'dd llai o atebion am fod 'na lot llai o bethe yn ei stafell hi o'dd o ddiddordeb i fi. Dw i wedi pendroni lot ynglŷn â rhannu'r stori nesa 'ma sydd ynghlwm ag ymweliad â stafell Lil. Well i fi ei gweud hi, sbo, ond yn ofalus. Yn ystod un ymweliad fe ddes ar draws pâr o'i theits hi. Ro'dd y chwilfrydedd yn ormod a rhaid o'dd treial eu gwisgo. Mla'n â nhw am fy nghoesau ond ro'dd 'na un broblem. Ro'n i wedi datblygu gwallt ar y corff yn ddigon cynnar yn fy mywyd. Wrth i fi sefyll fan'na yn gwisgo teits Lil, edryches lawr a gweld y blew du 'ma ar fy nghoesau yn stico mas drwy'r defnydd. Troiodd y fath olygfa fy stumog yn llwyr – ro'dd yn hollol ffiedd i fi. Dyna o'dd diwedd fy mherthynas gyda stafell wely Lil. Petai hi wedi bod ishe cadw fi mas, dyna i gyd o'dd angen iddi wneud o'dd rhoi pâr o deits arna i a fydden i ddim wedi tywyllu ei stafell byth eto. Galla i eich sicrhau hefyd mai'r digwyddiad yna o'dd diwedd fy mherthynas 'da gwisgo teits!

Ro'dd straeon fel'na yn amlwg yn rhan o fy agwedd tuag at beth o'dd addysg. Ro'n i'n dysgu cymaint am y byd a'i bethe trwy fywyd fy mrawd a fy chwiorydd hŷn – cymaint mwy na fydden i mewn ysgol. Do'dd ochr gymdeithasol mynd i'r ysgol fawr o werth i fi chwaith. Do'n i ddim yn dod mla'n cystal â hynny gyda phlant eraill ysgol Blaenporth a ddim yn gwneud ffrindie'n rhwydd iawn. Falle nad o'dd fy ngolwg yn help chwaith – y gwallt mawr cwrliog a'r ffaith fy mod yn dal iawn am fy oedran yn gynnar yn fy mywyd. Ro'n i bron y taldra ydw i nawr erbyn i fi gyrraedd un ar ddeg mlwydd oed. Ma fy ffrind Emyr Penlan, un a dda'th yn gyd-aelod o Jess 'da fi ac yn ffrind penna, yn gweud mai ei gof cynta o 'ngweld i o'dd mewn llun ym mhapur lleol y *Tivy-Side*, neu'r *Teifi-Seid* fel y'n ni'n gweud yn yr ardal. Ro'n i'n sefyll gyda phedwar o blant eraill yr ysgol gynradd, wedi i ni ennill gwobr am ryw brosiect ysgolion cynradd wnaethon ni. Yng nghanol y plant eraill ma 'na un boi yn sefyll ben ac ysgwydd uwchben y lleill a'i wallt mawr tywyll, llydan yn ychwanegu at yr olwg wahanol i bawb arall. Fe dynnodd hynny sylw Emyr cyn i fi gwrdda fe, a phan wnaethon ni gyfarfod fe sylweddolodd mai fi o'dd y crwt od yn y llun! Fe wnaeth e gyfadde iddo werthin ei ben off pan welodd e'r llun. Ma'n siŵr bod lot o blant eraill wedi gwneud hynny hefyd.

Dwi wedi sôn eisoes mai'r unig bryd ro'dd plant eraill yr ysgol yn dod i'r Hendre o'dd amser fy mhen blwydd ac ro'dd hynny'n damed bach o niwsans a gweud y gwir. Fy mhatshyn i o'dd y ffarm, nid un plant eraill. Ond ro'dd yn annaturiol i beidio ca'l eich ffrindie draw ac ro'dd Mam wastad yn trefnu parti pen blwydd. Fe ddes i sylweddoli hynny ond nid ei dderbyn yn llwyr chwaith. Odych chi'n gweld patrwm yn dechre siapo? Ro'n i'n eithriad yn y cartre ac yn yr ysgol, wastad ar y tu fas. Ro'dd y patrwm yna wedi ffurfio cyn i fi adael yr ysgol gynradd.

Falle fod y sôn am y llun ohona i yn y *Teifi-Seid* wedi drysu'r stori rywfaint. Ma'r ffaith 'mod i'n rhan o brosiect a enillodd wobr falle'n mynd groes-graen i'r ffordd dw i wedi siarad am fy nyddie ysgol hyd yn hyn. Ond y gwir yw mai ffaelu gweld gwerth i ysgol o'n i, nid yn gymaint nad o'n i'n gallu gwneud y gwaith o'dd angen ei wneud. Ro'dd y prosiect a enillodd y gystadleuaeth yn adrodd hanes Blaenporth, stori ddigon difyr. Fe 'nes i fwynhau gwneud y gwaith yna'n fawr, a dysgu am hen gastell mot a beili'r ardal. Ro'dd ffrindie da i Mam a Dad yn byw yn Rhyd y Gaer, ar safle'r hen gastell. Ro'dd Iwan, neu Chic fel ma pawb yn ei nabod, wedi casglu lot o wybodaeth am y castell. Ro'n i wedyn wedi gallu gwneud rhyw fath o gyfweliad bach gydag e ar gyfer y prosiect.

Ro'dd nifer o ysgolion cynradd eraill wedi cystadlu gyda phrosiectau tebyg, a ni enillodd. Ro'dd hwnna'n brofiad da ac fe weles rywfaint o werth i'r holl beth ysgol 'ma drwy hynny. Apêl yr holl brosiect o'dd cydweithio a chyfathrebu gyda phlant eraill ond dan amodau gwahanol i'r arfer. Ro'n i'n dechre magu perthnase, nid ym maes ware ar yr iard ond trwy waith ysgol y tro 'ma. *Loner* fues i erio'd ond ma'n siŵr mai'r prosiect yna, ynghyd â Jess flynydde yn ddiweddarach, wnaeth gynnig ffordd fewn i gylch o bobol a gadael i fi ddod i'w nabod. Do'dd dim byd arall yn yr un o'r ddwy ysgol wedi gwneud i fi deimlo fel'na – dim y gwersi, y ware, y rygbi, dim byd. Licen i dreial dod o hyd i'r llun 'na yn y papur – bydde fe'n dipyn o sbort.

Heuwyd hadau band Jess yn fy mlwyddyn ddiwetha yn yr ysgol gynradd. Ro'dd yn ddiwrnod mabolgampau ysgolion yr ardal ac ro'n nhw'n ca'l eu cynnal yn Aberteifi y flwyddyn honno. Ro'n i'n eitha da mewn athletau am fy mod yn glou iawn. Ro'dd hynny, ynghyd â'r ffaith fy mod yn dal, yn golygu hefyd y bydden i'n eitha da wrth ware rygbi yn yr ysgol uwchradd ac i'r sir. Y diwrnod hwnnw, ro'n i yna i gystadlu yn y naid hir ac yn erbyn boi o'dd tipyn byrrach na fi bryd hynny, Emyr Penlan. Beth dynnodd fy sylw ato? Wel, edmygu'r ffaith bod ganddo damed bach o flew ar ei wefus ucha ac ynte 'mond yn un ar ddeg mlwydd oed! Fe ddechreuon ni siarad â'n gilydd, er i fi ei faeddu'r diwrnod hwnnw. (Faeddes i byth mohono fe wedyn!) Ac o ddechre digon arwynebol fel'na gychwynnodd cyfeillgarwch sydd wedi para tan heddi, ac ma'n siŵr mai fe yw'r ffrind penna sydd 'da fi ar y ddaear 'ma erbyn hyn, heblaw am Sian fy ngwraig. Falle na fydde hynny'n wir oni bai bod ganddo wefus flewog yn yr ysgol gynradd!

Jess. Dyna'r cam nesa yn y stori. Band a brofodd i fod yn llwyddiant y tu hwnt i'r disgwyl i ni gryts ysgol Aberteifi. Dw i wedi sôn am yr hadau gafodd eu hau yn nyddie diwetha'r ysgol gynradd pan dda'th Emyr a fi at ein gilydd am y tro cynta. Erbyn dyddie'r ysgol fawr, a'r cyfeillgarwch wedi hen gydio, da'th Emyr i'r ysgol un diwrnod a gweud iddo fod mewn rhyw ddigwyddiad bach digon cyffrous y penwythnos cynt.

Ro'dd hi tua 1984 ac Emyr a fi'n sgwrsio ynglŷn â'r ffaith bod Ail Symudiad yn dechre cynnal Ysgol Roc fan hyn a fan 'co. Wedodd Emyr y dydd Llun hwnnw ei fod wedi bod i un o'r digwyddiadau hynny yn y Preseli. Diawl, ro'dd hwnna'n swnio'n ecseiting iawn. Yr oedran yna, yn enwedig yn y dyddie hynny, do'dd cryts ysgol ddim yn meddwl am ddechre band eu hunain. Ond o dipyn i beth, wrth i amser fynd yn ei flaen, fe brynodd Emyr gitâr drydan, un Hondo – ac ro'dd hi'n un uffernol o wael. Er, yr oedran yna, do'n ni ddim yn gwbod gwell. Lan â fi wedyn ar brynhawniau Sadwrn i ffarm teulu Emyr, sef ffarm Penlan, er mwyn ca'l ware 'da'r gitâr newydd 'ma. Fe 'nes i fenthyg allweddellau Delyth fy chwaer a'i amp

hi hefyd – ro'dd e'n iawn i fi wneud erbyn hynny.
Y gitâr a'r allweddellau, felly, o'dd yr offerynnau
cynta y buon ni'n rhoi tro arnyn nhw. Ro'dd peiriant
recordio casét gan Emyr ac ro'dd un 'da fi hefyd. Felly,
fe ddysgon ni'n ddigon clou siwd o'dd mylti-traco.
O'n ni'n recordio ar un peiriant casét, ware fe 'nôl a
recordio'r ware 'nôl wedyn ar y peiriant arall. Erbyn
gwneud hynny rhyw bedair neu bump o weithiau,
ro'dd sawl trac gyda ni lawr ar y peiriant a fel'na o'dd
caneuon yn dechre ca'l eu hadeiladu. Digon amrwd
o'dd e, wrth gwrs, ac erbyn y pedwerydd neu'r pumed
tro ro'dd hi bron yn amhosib clywed y traciau cynta'n
deg. Ond ro'dd e'n ddechre.

Ymhen dim, fe ddaethon ni i glywed fod boi yn
dre, Chris Lewis, yn berchen ar gitâr Fender ac amp
Fender hefyd. Ro'dd e bown' o fod yn dda os o'dd
Fender a Fender 'da fe! Ro'dd Chris flwyddyn yn hŷn
na ni ac yn ware ar yr asgell i dîm rygbi'r ysgol. Ro'n
i yn yr ail reng, ac Emyr hefyd am gyfnod cyn iddo
fynd i safle'r wythwr. Felly, ro'n ni ar yr un tîm yn
barod.

Ond eto i gyd, fydde fe ddim yn rhwydd i ddau foi
ifancach na fe fynd lan ato a dechre holi am gitârs.
Do'dd hynny ddim yn rhan o brotocol bois ysgol. Ond
ro'dd ishe bachu ar gyfle i siarad 'da'r boi 'ma ynglŷn
â'i Fender. Un dydd, ro'n ni yn y ciw cinio yn yr ysgol,
Emyr a fi, ac ro'dd Chris yn sefyll yn agos aton ni. Fe
ddechreuon ni siarad a threial ca'l y sgwrs rownd at
y ffaith bod gitâr 'da fe.

Fe lwyddon ni yn diwedd ac fe drodd 'nôl aton ni
a gofyn o'n ni wedi dechre band. Wel, fydde dim lot o

siâp gweud 'na' wrtho fe, felly, er mai dim ond Emyr a fi o'dd wedi bod yn potsian yn Penlan ar bnawn Sadwrn, fe ddywedon ni ein bod ni wedi dechre band. Y gobaith o'dd y bydde hynny'n creu'r argraff gywir arno fe. Ac wedi gweud hynny, ro'dd rhaid mynd gam ymhellach a gofyn iddo fe wedyn os o'dd e am ymuno â'n band ni!

Wel, ware teg iddo fe, dda'th e lan i Penlan at Emyr a fi cyn pen dim, a phan ddechreuodd e ware ro'dd Emyr a fi yn edrych yn syn ar ein gilydd ac yn meddwl falle mai Chris ddyle fod yn gofyn i ni ymuno â'i fand e! Ro'dd e'n gwbod siwd o'dd trin gitâr ac yn ca'l sŵn da iawn mas ohoni. Fe dda'th y sesiynau pnawn Sadwrn 'ma yn fwy cyson ac yn fwy difrifol. Do'dd dim clem 'da ni ynglŷn â beth o'dd y cam nesa i ni nes bod Chris yn awgrymu falle dylen ni ga'l rhywun i ware gitâr fas hefyd. Ro'dd Emyr a fi'n meddwl fod 'da'r ddau ohonon ni ryw fath o hawl ar y gitâr fas 'ma. Dyna beth ro'n i ishe ware. Dyna beth o'dd e ishe ware. Dw i ddim cweit yn cofio'n iawn, ond ma rhywbeth yn gweud wrtha i i bethe fynd lawr at dafliad ceiniog a finne'n colli. Dyna pam mai fi o'dd yn gorfod canu a bod yn ddyn bla'n wedyn!

Ar yr un pryd, ro'dd Rhodri Bowen yn ware dryms ym mand martsio yr ATC gyda'r RAF ym Mlaenannerch. Ro'dd e yn yr un flwyddyn ag Emyr a fi yn yr ysgol hefyd ac fe dda'th e aton ni gyda'i cit dryms. Ro'dd pedwar ohonon ni nawr'te. Digon niwlog yw'r cof am y tro cynta i ni'n pedwar ware 'da'n gilydd. Dw i'n credu i ni dreial rhyw gân gyfarwydd, hawdd i'w ware – rhywbeth fel 'Smoke on the Water', falle, o'dd yn gân ddigon poblogaidd. Wel, 'na beth o'dd teimlad. Yn sydyn reit, ro'dd sŵn ein hunain 'da ni. Ro'dd e mor gyffrous, fe stopes i wneud beth bynnag ro'n i'n gwneud ar y pryd, camu 'nôl rhyw gam neu ddau a gorfod dechre eto. Ro'dd yn dipyn o wefr, yn gic newydd. Dyna'r dechre. Mla'n â ni o fan'na wedyn a chanu caneuon Saesneg, gan mai dyna'r dylanwadau arnon ni gyd bryd hynny. Do'dd dim sîn roc Gymraeg yn amlwg iawn i ni fois ysgol Aberteifi. O'dd, ro'dd Dave Datblygu yn amlwg, ac Ail Symudiad, wrth gwrs, ond do'n ni ddim wedi prynu eu CDs nhw na dim byd fel'na. I fi'n bersonol, bandiau Manceinion, fel y Smiths, a bandiau tywyll fel y Sisters of Mercy a Joy Division ac ati o'dd y dylanwad, ac ro'dd ffasiwn y Goths yn pwyso'n drwm arnon ni hefyd – symudiad ar ddiwedd yr wythdegau le ro'dd plant yn eu harddegau'n gweld hi'n well edrych ar y llawr a thyfu eu gwallt dros eu llygaid a gwisgo dillad du. Ro'dd hyn yn dipyn o ddylanwad arnon ni.

Da'th y diwrnod i ni berfformio'n gyhoeddus am y tro cynta, a hynny ar lwyfan yr ysgol – man digon cyfarwydd i ni am i ni wneud operâu a dramâu ysgol yna. Rhywbeth newydd mewn lle saff o'dd y perfformiad cynta 'na 'te. Ond nid fel'na o'dd hi. Ar fore'r perfformiad, fe dda'th y ddau ddirprwy bennaeth o hyd i boteli whisgi yn stafell gyffredin y chweched, eiddo'r rhai o'dd yn cwpla ysgol y diwrnod hwnnw. Fe fuodd 'na yffach o storom, wrth gwrs, ac un canlyniad o'dd dim roc a rôl y diwrnod hwnnw.

'Na beth o'dd siom! 'Be newn ni nawr?' Dyna'r sgwrs rhwng y pedwar ohonon ni.

Fe dda'th ateb. Lan â ni i gyd i glos ffarm Penlan a haid o ddisgyblion ysgol y tu ôl i ni yn eu ceir. Am ein bod wedi bod yn ymarfer yn y beudy ar y prynhawniau Sadwrn hynny, ro'dd ein hoffer ni i gyd 'na'n barod. Ro'dd y rhan fwya o ail flwyddyn y chweched yna, y rhai o'dd yn gadael ysgol y diwrnod hwnnw, ac fe dda'th lot fach o'n blwyddyn ni, y chweched cynta, hefyd. 'Na le o'n ni wedi'n gosod mas mewn hanner cylch ar y clos cefen fel band go iawn a lot o'r criw ifanc wedi parcio'u ceir mewn hanner cylch i'n gwynebu ni. Ro'dd e'n roc a rôl go iawn!

Pedair cân o'dd 'da ni. Un gân gan The Cult ac un gân wreiddiol ro'dd y band wedi'i sgrifennu. Falle mai ni sgrifennodd y ddwy gân arall hefyd, dw i ddim yn siŵr. Ro'dd y cwbwl yn llwyddiant ysgubol! Dyna'r tro cynta i ni ware o flaen pobol ac allai e ddim bod wedi mynd yn well. Eleni, a ni'n dathlu pum mlynedd ar hugain ers dechre'r band, ro'n ni'n ware mewn gŵyl lled dau gae o Penlan a hyfryd o'dd gweld lot fawr o'r gwynebau o'dd ar y clos i glywed y gig gynta 'na chwarter canrif yn ddiweddarach.

Para i ganu yn Saesneg wnaethon ni, heb unrhyw ystyriaeth i ganu yn y Gymraeg o gwbwl. Ond fe gafodd rhywun air 'da ni un dydd a gofyn i ni ystyried troi at y Gymraeg. Wyn Fflach o'dd hwnnw. Awgrymodd y bydde sesiynau ar Radio Cymru yn bosib petaen ni'n gwneud hynny. Wedi lot o drafod, fe benderfynon ni ddilyn cyngor Wyn a, wir, fe dda'th cyfle cyn dim i recordio sesiwn ar Radio Cymru. Ro'dd hi'n 1988 ac ro'dd Rhodri'r drwmwr wedi ca'l ei dderbyn i Gaergrawnt ac ar fin ein gadael ni. Ro'n ni yn y sefyllfa wedyn o fethu aros nes bod e 'nôl er mwyn recordio i'r BBC. Ro'dd angen drwmwr arall. Mewn ag Owen Thomas wedyn a dyna gwblhau'r aelodau a'r sŵn fydde'n ca'l eu cysylltu 'da'r band.

Yn y stiwdio recordio fe wnaethon ni recordio 'Brysiau'r Haf', 'Y Glaw Gwreiddiol' a dw i ddim yn cofio'r drydedd gân. Fi a Chris o'dd yn sgrifennu'r caneuon fel arfer a fel'na buodd hi hefyd. Ro'dd clywed ni'n hunain ar y radio yn beth mawr iawn. Dwy ar bymtheg o'n ni, ac ro'n ni wedi recordio ar gyfer y radio. Tipyn o deimlad! Do'dd y fath beth ddim yn agos i'n meddyliau pan ddechreuodd Emyr a fi botsian 'da'r offerynnau ar glos y ffarm. Yr unig gyfeiriad wnaethon ni at unrhyw fath o ddarlledu o'dd yn yr ysgol un bore dydd Llun. Ro'dd y ddau ohonon ni wedi gweld rhaglen fiwsig *The Tube* y penwythnos cyn hynny ac ro'dd 'na foi ar honna greodd gryn argraff. 'Na gyd o'dd 'da fe o'dd gitâr acwstig, heb y tannau i gyd os gofia i, a 'na le o'dd e'n bwrw'r gitâr yn afreolus, stopio ar ôl tamed bach a gweiddi 'Chicken' cyn dechre 'to! 'Wel,' medde Ems a fi wrth ein gilydd, 'gallwn ni neud yn well na 'na yn barod a ma fe ar y teledu!' Ond dyna'r unig sôn fuodd.

Wedi sesiwn Radio Cymru, da'th gwahoddiad i fod yn rhan o'r Steddfod yng Nghasnewydd, yn y Babell Roc, Blas Cas. Erbyn hynny ro'dd pumed aelod wedi ymuno â ni, sef Hubert Mathias, y peiriannydd sain. Ma pawb yn meddwl am y band fel pedwar aelod, ond rhaid gweud ein bod yn bump gyda Hubert. Fe o'dd yr un wnaeth y sain i'r Babell Roc yng Nghasnewydd a buodd e'n help mewn ffordd arall hefyd. Do'dd dim unman 'da ni aros. Ro'dd lori Hubert, lori'r peiriannau sain, tu fas i'r babell ac yn wag. Felly, 'na le gysgon ni. Ro'dd e'n beth digon cyffredin i fandiau beidio troi lan i'w gigs yn y Steddfod 'na, a dyna le bydde Hubert wedyn yn gweud 'Ocê, bois, chi mla'n yn lle hwn a hwn.' Ma'n siŵr i ni wneud hyd at ddeg gig yr wythnos honno.

Felly, rhwng y cyfnod cynnar yn ware'r caneuon Saesneg yn rheolaidd, yna'r sesiwn 'da Radio Cymru, a Steddfod Casnewydd yn dilyn wedyn, ro'dd pethe'n dechre siapo. Ro'n ni'n fand o'dd wedi magu profiad mewn cyfnod byr ac yn swnio'n wahanol i fandiau eraill. Cystal i ni ga'l hoe fach fan'na nawr, cyn symud at gam nesa hanes y band.

... Who would fardels bear,
To grunt and sweat under a weary life,
But that the dread of something after death...

'Na chi damed bach o Shakespeare. *Hamlet*, a bod yn fanwl gywir. 'Fardels' yw baich neu feichiau, a'r syniad y tu ôl i'r geiriau yw pwy fydde'n trafferthu straffaglu a bwldagu eu ffordd trwy fywyd digon diflas oni bai eu bod nhw'n ofni rhywbeth ar ôl marw. Enw cynta'n grŵp ni o'dd The Unbearable Fardels. Ni o'dd y beichiau annioddefol!

Ond, wrth gwrs, fydde hynny ddim yn gweithio fel enw band o'dd yn canu yn Gymraeg – ddim y Saesneg gwreiddiol na'r cyfieithiad ohono chwaith! Da'th yr enw newydd wrth i ni fynd i dŷ rhywun o'n i'n nabod yng Nghastellnewydd Emlyn. Ro'dd 'na fand yn y dre, band o hipis lot yn hŷn na ni. Ond ro'dd merch un ohonyn nhw yn yr ysgol, rhyw flwyddyn neu ddwy yn iau na ni. Trwyddi hi, lan â ni sawl gwaith wedyn i dŷ ei thad ar gyfer rhyw fath o ymarfer gyda'n hofferynnau. Dros ddishgled o de, trodd y sgwrs at enw'r band. Pan ddeallodd y ferch mai'r Unbearable Fardels o'n ni, fe wedodd yn syth bod hwnnw'n enw uffernol, sdim ots os o'n ni'n fand Saesneg neu Gymraeg. 'Wel, beth allwn ni alw'r band yn lle 'ny, 'te?' gofynnon ni. 'Just call it Jess,' medde hi'n syth. A felly fuodd hi. Jess o'dd ein henw hi.

Ma cam nesa'r stori yn mynd â ni i Ddwyrain Ewrop. Dim sbel ar ôl Steddfod Casnewydd, da'th cais gan gwmni cynhyrchu Criw Byw i ni wneud rhaglen gyda nhw ar gyfer S4C. Ro'n nhw wedi ca'l cytundeb ar y cyd ag ambell gwmni teledu yn Nwyrain Ewrop i roi sylw i fandiau Cymru a'u gwledydd nhw. Felly bydde bandiau o Wlad Pwyl, Tsiecoslofacia a Bwlgaria ochr yn ochr â ni o Gymru. Ro'dd hwn yn beth hyd yn oed yn fwy nawr! Taith dramor! A ni'n gryts ysgol! Jiw, 'na beth o'dd cyfle.

Ro'dd y gwledydd hynny yn dal yn nwylo'r

comiwnyddion pryd 'ny, er y bydde wal Berlin yn cwmpo ddim sbel fawr wedyn. Ro'dd gofyn i ni, felly, anfon geiriau ein caneuon mas at yr awdurdodau gynta fel eu bod nhw'n gallu gwneud yn siŵr nad o'n ni'n tanseilio eu hawdurdod yn ein caneuon. Do'dd dim problem 'da hynny, beth bynnag – ro'dd y geiriau i gyd yn Gymraeg a neb yn deall nhw mas 'na!

Do'dd neb ohonon ni wedi hedfan erio'd cyn y daith honno; ro'dd e'n brofiad cwbwl newydd. Do'dd 'da ni ddim syniad pa fath o le o'dd Tsiecoslofacia. O'dd ganddyn nhw siopau fel o'dd 'da ni? O'dd ganddyn nhw strydoedd? Ro'dd gofyn bod yn barod i fynd i le estron, felly dw i'n cofio prynu pâr o sgidiau mynydda, rhag ofn nad o'dd unrhyw fath o bafin ar eu strydoedd nhw, a dillad twym iawn rhag ofn na fydde unrhyw wres yn y tai! Mas â ni, hedfan yn y dydd ac yna gig ym Mhrâg y noson honno.

Ro'dd bws yn aros amdanon ni yn y maes awyr a dyna le gawson ni'r wybodaeth am y gig y noson honno. Deall mai'r Palace of Culture o'dd y lleoliad, a ni'n meddwl wedyn bod hwnna'n yffach o enw posh ar dafarn, nes iddyn nhw weud ein bod ni yn un o'r stafelloedd lleia yn y Palace, sef yr un o'dd yn dal dim ond 2,000 o bobol! Wel, 'na beth o'dd sioc! Ond dim cymaint o sioc â gweld y lle ei hunan. Ma fe'n anferth! 'Na beth o'dd *attack* o'r nerfau wedyn. Welon ni ddim mo Chris o'r funud gyrhaeddon ni nes ein bod ar y llwyfan. Ro'dd e yn y tŷ bach drwy'r amser.

Ni o'dd y band diwetha mla'n ar ddiwedd y noson. O'n i wedi gofyn i rywun lleol beth o'dd y ffordd arferol o gyfarch ei gilydd yn eu gwlad nhw. Ces ar ddeall mai 'Ahoy' o'dd y gair priodol. Grêt, ro'dd e'n ddigon syml i'w weud. Pan dda'th ein tro ni, mla'n â ni i'r llwyfan, ar ôl ca'l ein cyflwyno, i gymeradwyaeth digon brwd ware teg. Ond wedyn fe a'th yn eitha tawel. "Co ni off, 'te,' medde fi wrth fy hunan, 'do or die.' Lan at y meic â fi a gweud 'Ahoy!' Wel, os do fe! 'Na le o'dd dwy fil o Tsiecs yn gweiddi 'nôl fel un: 'Ahoy!' Ro'n nhw wrth eu bodde fy mod wedi trafferthu eu cyfarch yn eu hiaith nhw. Ro'n nhw 'da ni o'r eiliad honno hyd at ein nodyn diwetha. Ro'dd yn gyngerdd arbennig a ni'n meddwl wedyn ein bod wedi cyrraedd go iawn. Twll tin i Lefel A, ro'n ni am fod yn sêr roc! Ro'dd arian yn dod mewn nawr. Ro'dd pobol ishe clywed ein cerddoriaeth ni.

Fel arfer, yn y sîn Gymraeg beth bynnag, ma'r rhan fwya o fandiau'n ffurfio yn y coleg ac ma nhw fel arfer yn canu am bethe gwleidyddol neu led-wleidyddol o leia. Ond cryts ysgol o'dd Jess ac ro'dd hwnna'n rhoi rhywbeth tamed bach yn wahanol i ni. Do'dd dim byd gwleidyddol ambytu ni o gwbwl. Ro'dd pobol yn gofyn i ni beth o'dd ystyr y caneuon. Ma nhw'n dal i wneud. Yr un ateb sydd. Ma fe lan i chi. Dy'n nhw ddim rili ambytu dim byd. Ma'n siŵr eu bod nhw'n dod o brofiadau a digwyddiadau sydd wedi dod i fy rhan i, ond fydde chi byth yn gallu nabod yr un o'r ddwy ffynhonnell wrth wrando ar y geiriau.

Dechreuodd y bartneriaeth sgrifennu caneuon

rhwng Chris a fi yn eitha cynnar a gweud y gwir. Ro'dd e wedi dechre cyfansoddi stwff ei hunan cyn dod aton ni ac wedyn, pan fydde ni 'da'n gilydd, bydde fe'n amal yn potsian 'da rhyw alaw neu'i gilydd ac yn gofyn i Emyr dreial hi hefyd falle. Wedyn bydden i'n canu rhyw eiriau neu'i gilydd fydde'n dod i'r meddwl a fel'na ro'dd pethe'n dechre cymryd siâp. Do's dim dowt bod dysgu'r grefft o sgrifennu caneuon tra o'n ni'n dysgu ware offeryn a ware mewn band yn brofiad a hanner a ninne mor ifanc. Ond yng nghanol y prysurdeb a'r brys 'na i gyd, ro'dd e'n gallu bod yn ddigon anodd i ddelio gyda beth o'dd yn digwydd. Ro'dd sylw yn ymwelydd newydd i ni ac anodd o'dd gwbod siwd o'dd croesawu'r person bach 'ma yn iawn. Sdim amheuaeth, fe a'th i'n pennau ni tamed bach ac wrth edrych 'nôl ar rai o'r rhaglenni teledu wnaethon ni, wel, *affected* yw'r unig air i ddisgrifio ambell berfformiad.

Ro'dd tair ffordd o fynegi fy hun yn blaguro o flaen fy llygaid. Ware offeryn, cyfansoddi a pherfformio. Do'dd dim amser i feddwl gormod. Gwneud o'dd ishe. Ro'n i'n gwerthfawrogi'r profiad o sgrifennu geiriau. Ro'dd e fel agor ffenest yn fy meddwl i fy hunan, a hwnna yn ei dro wedyn yn agor rhyw ffenest fach ym meddyliau pobol eraill nad o'n i'n eu nabod.

Hyd heddi, ma fe wastad yn fraint, yn sioc, fod pobol eraill ishe clywed beth sydd gyda ni i weud. Ro'dd y ffaith bod pobol yn gwrando arna i a cha'l rhywbeth mas ohono fe yn rhoi mwy o gic na'r ffaith 'mod i'n gallu galw fy hunan yn gerddor proffesiynol.

Fe gawson ni flas ar damed bach o ddrama roc a rôl wrth adael Tsiecoslofacia. Fe ofynnodd y boi a drefnodd ein gigs ni mas 'na o'n ni ishe iddo fe ddod gyda ni at y ffin er mwyn gwneud yn siŵr ein bod ni'n gadael yn saff. Do'dd dim ishe, medden ni, bydde ni'n iawn. Bant â ni 'nôl am adre, felly, ac at ffin Tsiecoslofacia gynta. Ro'dd hi'n fore bach arnon ni'n cyrraedd ac o fewn dim fe a'th pethe tamed bach yn ticlish 'na.

I ddechre, ro'dd y swyddogion o'dd yn gweithio ar y ffin yn grediniol ein bod ni wedi bod yn ennill arian yn eu gwlad ac, felly, bod ishe i ni roi canran o'n henillion iddyn nhw cyn ein bod yn ca'l gadael. Ro'dd eu harian nhw, y *koruna*, yn wan iawn ar y pryd ac fel hyn ro'n nhw'n ceisio'i chryfhau hi, medden nhw. Fe ddysgon ni'n ddigon clou ar ôl cyrraedd y wlad mai fel'na o'dd pethe. Fe wnaeth y cwmni teledu roi arian i ni wario, yn ôl yr arfer, ond ro'dd yr arian papur geson ni yn swm rhy fawr i'r siopau a'r bariau ac ati allu ei gymryd a chyn dim ro'n ni hefyd wedi dysgu newid doleri ar y farchnad ddu er mwyn ca'l prynu a gwerthu.

Fe a'th yn drafodaeth ddigon lletchwith, a hynny, wrth gwrs, cyn dyddie ffonau symudol a dim ffordd i ni, felly, ffonio neb i gadarnhau unrhyw ffeithiau. Pan welon nhw bod eu diffyg Saesneg nhw a'n diffyg Tsiec ni yn golygu nad o'n ni'n mynd yn bell iawn yn ein dadlau, ro'n nhw wedyn ishe chwilio trwy'r fan

am unrhyw arian. Dw i ddim yn siŵr bod hawl 'da
nhw wneud hynny, ond do'dd dim defnydd dadlau
hynny gyda nhw. Fe a'th dau o'r *guards* o amgylch,
ag Alsatian mawr yr un ganddyn nhw i wneud y
gwaith hefyd. Wedi iddyn nhw gyrraedd drws cefen
y fan, ro'dd 'na damed bach o ffwdan i'w agor gan
ei fod yn stiff iawn. Fe a'th Owen i helpu'r dynion
ac wrth iddo fe siglo'r drws i'w agor, fe droion nhw
i edrych ffordd arall am ryw reswm. Saethodd y
drws ar agor yn sydyn reit – reit lan glatsh yn erbyn
trwyn un o'r cŵn! Trodd y ddau *guard* ar eu sodlau
wrth glywed wylofain y ci ac ro'n nhw'n amlwg yn
meddwl i Owen, y tawela ohonon ni i gyd, roi cic i'r
ci yn ei wyneb. A'th pethe o ddrwg i wa'th wrth i'r
gwa'd arllwys o drwyn y ci ac wrth i'r gweiddi 'nôl
a mla'n fynd yn uwch ac yn uwch. Yng nghanol hyn
i gyd, fe lwyddon ni i ddwyn perswâd arnyn nhw
rywsut i adael i ni ddefnyddio eu ffôn nhw i gysylltu
'da Pavel, trefnydd y daith. Diolch byth i ni lwyddo i
wneud hynny, achos fe sortodd Pavel bopeth mas yn
diwedd. Ond fe geson ni lond twll o ofn, ma'n rhaid
gweud.

'Nôl â ni ar draws Ewrop wedyn i Loegr ac yna 'nôl
i Gymru fach. Cyrraedd Caerfyrddin yn oriau mân y
diwrnod canlynol wedi bod yn gyrru am oriau di-
ben-draw. Yn sydyn reit, gole glas y tu ôl i ni! Mas â'r
plisman a ninne'n dechre becso nawr. O'dd cysylltiad
rhwng hyn a'r digwyddiad ar y ffin yn Tsiecoslofacia?
Nag o'dd, mynd yn rhy glou o'n ni yn ôl y plisman. Fe
ofynnodd le o'n ni wedi bod ac fe ddwedon ni Prâg.
'Oh, tidy!' medde fe'n frwdfrydig tu hwnt. 'Tidy!' Fe

ddeallodd wedyn pwy o'n ni ac fe wedodd y bydde fe'n anghofio'n trosedd petai'n gallu ca'l casét a chrys T Jess. Ro'dd ei ferch yn ffan mawr o'r band a bydde derbyn y fath roddion yn ei chadw hi'n hapus dros ben, medde fe. Fel'na fuodd hi a bant â ni. Do'dd dim lot o wahaniaeth rhwng *guards* Tsiecoslofacia a phlisman bach Caerfyrddin mewn gwirionedd, o'dd e?

Wedi ca'l blas ar ware dramor, fe ddechreuon ni feddwl wedyn y bydde fe'n beth da i ni fynd 'nôl i le ddechreuon ni a meddwl am ganu'n Saesneg eto; hynny yw, 'mestyn ein gorwelion y tu draw i Glawdd Offa. Ro'dd e wastad yng nghefen y meddwl ond fe wnaethon ni ryw ddau neu dri albwm Cymraeg cyn i ni feddwl mwy o ddifri am ehangu. Fe ddechreuon ni trwy roi ambell gân Saesneg mewn yn ein gigs ni. Ond, diawl, do'dd pobol ddim yn lico hwnna o gwbwl. Yn sydyn reit, ro'n ni'n dieithrio'n cefnogwyr selog. Felly, da'th stop ar hwnna.

Tua'r un adeg, ro'dd Hubert, y peiriannydd sain, yn gwneud mwy a mwy 'da ni ac, ar ben hynny, wedi Steddfod Casnewydd ro'dd cyfle 'da ni aelodau Jess i weithio gyda fe pan o'dd e'n gwneud systeme sain i fandiau eraill. 'Na beth o'dd profiad dysgu gwerthfawr tu hwnt. Fe a Jim O'Rourke ddechreuodd system sain Rocyn – wedi ei henwi ar ôl band Jim, wrth gwrs – ac, ar un adeg, ro'dd y system ore yng Nghymru yn dod mas o Grymych. Yn y dyddie cynnar bydde Jim O'Rourke hefyd yn dod allan i wneud y gwaith caib a rhaw o osod system sain yn ei lle a rhedeg y filltir a hanner o wifrau. Ond gan bod labrwyr newydd, sef ni, fydde Jim ond yn dod ar gyfer y gigs prysur, y rhai mawr fel Steddfodau'r Urdd a'r Genedlaethol.

Ro'dd rhaid i fi gael caniatâd Hubert i weud y stori hon. Fel sy'n wir am lawer o'r straeon yn y gyfrol, ma ishe bod yn ofalus. Beth bynnag, Steddfod Genedlaethol Cwm Rhymni o'dd hi. O'dd y gwaith o osod y systeme sain wedi ei wneud ar yr amser priodol a ni'r criw yn sychedig ac yn mynd i ga'l diferyn. Ro'dd Hubert a Jim yn cadw gofal craff ar elw – dw i ddim ishe gweud eu bod nhw'n dynn, ond stafell *twin* o'dd y drefen am yr wythnos: nhw'n dau â gwely'r un, ni'n pedwar yn cysgu ar y llawr.

Ar ôl i ni ga'l diferyn y noson 'ny, ac wedi blino ar ôl y gwaith gosod systeme sain trwm, a'th Jim a Hubert i'r gwely ac aethon ni i'r cwde ar y llawr. 'Nos da' wedyn a bach o banter cyn i'r hwrnu ddechre.

O'n ni wedi mynd i gysgu, ers sawl awr falle. Dwi'n cofio mai Owen o'dd yn cysgu nesa ata i pan gethon ni'n dihuno gan sŵn tra'd mawr yn disgyn yn agos. Nid yn drwm, ond digon o bwyse i'ch deffro ac i chi symud o'r ffordd. Hubert o'dd ar gered, ac ma fe'n dipyn o gawr. O'dd e ar y ffordd i'r tŷ bach.

Jim O'Rourke o'dd yr unig un yn ein cwmni o'dd ddigon *genteel* i ddad-baco'i ddillad am yr wythnos, eu plygu'n ofalus a'u gosod yn y dreire. Ac o'dd y dreire hynny, erbyn hyn, yn ffordd Hubert. Yn wa'th byth, ar ben y dreire o'dd man gwastad â *doily* ar ei ben – gwaith brodwaith gwyn, crwn sydd, mewn tywyllwch ac ar ôl diferyn, yn gallu edrych bach fel toilet neu sinc! Wedyn, i ddrysu Hubert ymhellach,

57

o'dd dwy botel *deodorant* wedi eu gosod naill ochr i'r *doily*, yn gywir fel dau dap dŵr.

Peth nesa, dyma ni'n clywed y sŵn tincial, wna'th droi mewn i sŵn rhaeadr ac a'th mla'n am ddigon hir i ddeffro Jim.

'Hubert! Hubert! Be ddiawl ti'n neud?' – er mai dim 'diawl' wedodd Jim.

Yn berffaith hamddenol a naturiol, a hanner yn ei gwsg, dyma Hubert yn troi ac ateb 'Dwi'n ca'l pishad, Jim.'

Dyma Jim yn ateb 'nôl, wedi deffro'n iawn ac yn grac: 'Ond, Hubert, y dressing table yw hwnna.'

'Na,' medde Hubert wrth estyn mla'n at y boteli *deodorant*. 'Drycha, 'co'r taps.'

Fel tase hynny ddim yn ddigon, o'dd y drâr ucha o'dd yn dala sane a phants Jim ryw damed bach ar agor. Gallwch ddychmygu'r gweddill. O'dd Jim ddim yn bles, druan!

Ro'dd ca'l defnyddio'r offer sain, a'i weld yn ca'l ei ddefnyddio mewn cyngherddau amrywiol eraill, yn rhan ganolog o addysg y band. Dyna fantais arall bod yn fand amser llawn – ro'dd cyfle 'da ni i glywed lot o fandiau eraill wrthi, yn ogystal â digon o amser i gyfansoddi ac ymarfer. Ond ro'dd 'na anfantais yn dynn yn ei gysgod hefyd. Do'dd Jess ddim yn ca'l eu hystyried yn rhan o'r sîn Gymraeg gan y bandiau o'dd reit yng nghanol y sîn honno. Ar y tu fas o'dd Jess wastad. Do'n ni, wedi'r cwbwl, ddim wedi dod o'r sîn roc. Ond mynd i'r sîn roc wnaethon ni. Do'n ni ddim hyd yn oed yn rhan o'r peth fel ffans cyn i ni ddechre fel band.

Y bandiau eraill dw i'n cofio clywed ar y teithiau gyda Hubert yw'r rhai gafodd fi mas ar y llawr i ddawnsio. Do'dd hwnna ddim yn digwydd yn amal, ond yn Aberystwyth fe lwyddodd y band *reggae fusion* Basil Gabbidon's Big Bass Dance Band o Firmingham dynnu fi oddi ar fy mhen ôl, fel y gwnaeth y James Taylor Quartet yn yr hen Astoria yng Nghaerdydd. Fe wnaethon ni roi'r system sain mewn ar gyfer un o gyngherddau'r Stone Roses hefyd ond, i fi, ro'n nhw'n rybish llwyr.

Falle fod e werth sôn nawr am siwd o'n i'n gallu gwneud yr holl drafaelu 'ma a finne'n grwt ysgol pan ddechreuodd Jess. Gwneud Lefel A o'n i mewn Saesneg a Chelf am mai dyna fy nau ddiddordeb mawr. Er, do'dd gen i ddim syniad beth o'dd y llwybr i fod ar ôl gadael ysgol chwaith. Fy athro Saesneg o'dd Dafydd Wyn Jones, athro ffantastig a thad y Prifardd Ceri Wyn Jones. Ro'dd yn athro o'dd yn ysbrydoli ei ddisgyblion. Ond, yn anffodus, fe gafodd drawiad ar y galon a bu'n rhaid iddo roi'r gore i ddysgu. Da'th menyw yn ei le, un o dras Asiaidd. Ro'dd y darn creadigol cynta ofynnodd hi i ni sgrifennu ar y pwnc 'darkness'. 'Na beth o'dd sgôp i rywun fel fi o'dd wrth ei fodd yn mynegi ei hun yn greadigol! Ro'dd y posibiliadau'n enfawr. Bant â fi yn fy anterth a sgrifennu darn o waith digon swmpus, yn llawn dychymyg. 'Nes i gymryd gofal wrth ei wneud hefyd, a'i gywiro'n fanwl am fy mod am blesio'r athrawes newydd 'ma. Os cofia i'n iawn – dyw'r gwaith ddim gyda fi o hyd yn anffodus – fe 'nes i gymharu tywyllwch â hylif sy'n gallu creu rhyw ffurfiau amrywiol o'ch cwmpas chi ac sydd yr un mor debygol o'ch cysuro â'ch brawychu; fe ddisgrifies e fel rhywbeth nad ydyn ni'n gallu ei weld ond ma pawb yn gwbod amdano. Falle i fi fynd tamed bach yn rhy haniaethol, yn lle sgrifennu rhyw stori arswyd neu rywbeth yr un mor amlwg. Ond, i fi, sgrifennu creadigol o'dd e fod, a dyna beth gafodd hi. Ac ar ôl ei ddarllen a'i ailddarllen, ro'n i'n dawel fy meddwl ei fod yn waith o'dd yn taro deuddeg.

'This is rubbish!' Dyna ymateb cynta fy athrawes newydd! 'It doesn't make any sense!' A mla'n a mla'n â hi i dynnu'r gwaith yn rhacs. Ro'dd y fath ymateb yn gwbwl annerbyniol i fi a ddim y ffordd gywir o ddelio gyda disgybl, hyd yn oed os o'dd hi'n iawn. Do'dd dim ansicrwydd o gwbwl yn fy ymateb iddi. 'If that's the case, then I am not prepared to be taught English by a foreigner!'

Wel, os do fe! Ro'dd lle'r diawl yn yr ysgol a'r diwedd o'dd i fi ga'l fy nhaflu mas am byth. Do'n i ddim yn deall pam ar y pryd. Fe allen i fod wedi gweud rhywbeth lot gwa'th a chas a llai gwleidyddol gywir, ond 'nes i ddim. Ma'n siŵr bod awdurdodau'r ysgol yn chwilio am ffordd i ga'l gwared ohona i cyn hynny, falle achos llwyddiant y band, dw i ddim yn gwbod. Ro'n i wedi gorfod gofyn caniatâd y prifathro i fynd i Tsiecoslofacia ac i sawl gig wedi hynny. Falle fod e wedi ca'l digon. Dydd Iau o'dd hi ac fe wedodd y prifathro wrtha i y cethen i aros yn yr ysgol y diwrnod hwnnw a'r diwrnod canlynol, ond do'n i ddim i fynd yn agos i'r lle o ddydd Llun mla'n. Beth bynnag o'dd y gwir reswm, mas o'n i nawr, ar fy mhen.

Ond do'dd dim un ffordd yn y byd y gallen i weud wrth Mam a Dad fy mod wedi ca'l fy nhaflu mas o ysgol Aberteifi, dim gobaith caneri. Felly, ro'dd rhaid meddwl am siwd o'dd delio 'da hwnna. Ro'dd galw am greu stori greadigol arall!

Lawr â fi i weld y dyn gyrfaoedd yn dre ac ar ôl gweld beth o'dd fy mhynciau Lefel A wedodd e 'Lawr i Gaerfyrddin, i'r Coleg Celf. 'Na le ma dy siort di yn mynd.' Reit, 'na'r cynllun felly. 'Nôl â fi adre a gweud wrth Mam a Dad fy mod wedi newid fy meddwl ynglŷn ag ysgol ac yn awyddus i fynd i'r Coleg Celf yng Nghaerfyrddin. Do'dd dim rhyw wrthwynebiad mawr heblaw, wrth gwrs, eu bod am wneud yn siŵr 'mod i'n gwneud y peth iawn. Mla'n â fi wedyn i wneud yr ymholiadau angenrheidiol yng Nghaerfyrddin. Achos llwyddiant Jess, ro'dd incwm 'da fi'n dod mewn beth bynnag, felly do'dd hi ddim yn dra'd moch arna i. Fe weithiodd cynllun Coleg Celf Caerfyrddin ac, yn sydyn reit, ro'n i'n fyfyriwr celf. Hen ddigon o sgôp fan'na i fod yn rhan o fand hefyd!

Dw i ddim yn gwbod os o'dd fy rhieni wedi dod o hyd i'r gwir heb ddangos i fi, ond y tro cynta dw i'n cofio nhw'n dangos eu bod yn gwbod o'dd rhyw ddeng mlynedd yn ddiweddarach. Ro'n i wedi gallu gadael iddyn nhw ddod i wbod ar ôl iddyn nhw weld i fi wneud rhyw lwyddiant o 'mywyd. Ro'dd hi dipyn yn haws derbyn y newyddion wedyn, ma'n siŵr, hyd yn oed os o'n i wedi dewis peidio â gweud wrthyn nhw! Ro'dd fy ffrindie i gyd yn rhan o'r cynllwynio a phawb yn deall nad o'n nhw i fod i weud gair am y peth. Er hynny, dw i'n dal i ryfeddu nad o'dd y stori wedi mynd ar led fel tân gwyllt mewn lle mor fach, yn enwedig â Dad yn gymaint o foi cyhoeddus. Dw i'n gwbod yn iawn pryd wnaeth Delyth fy chwaer ddeall i fi ga'l cic owt. Ro'dd hi'n fy holi ar Radio Ceredigion ac fe 'nes i adrodd y stori – yn fyw ar yr awyr – a Delyth yn edrych arna i'n hollol syn o'r sedd gyferbyn! Ro'dd hwnna'n dipyn o sbort!

'Nes i ddim mwynhau'r ysgol rhyw lawer. Fe 'nes i'n weddol o ran fy addysg a cha'l llond wilber o Lefelau O, ond do'dd e ddim yn dod yn rhwydd. Yr unig wir fwynhad ges i o'dd yr operâu ro'n ni'n gwneud yn gyson fel ysgol, dan ofal Dafydd Wyn Jones eto. Ro'n nhw fel rhyw estyniad o'r gwersi Saesneg o'dd mor ysbrydoledig, gan ei fod yn esbonio pam ro'dd rhyw frawddegau penodol wedi eu sgrifennu fel ro'n nhw. Ro'dd hynny'n dod â'r holl beth yn fyw. Fe wnaethon ni *operettas* Gilbert a Sullivan yn amal.

Ches i ddim blas o gwbwl ar weithgareddau eisteddfodol, yn yr ysgol na'r tu fas. Wrth gwrs, ro'dd yn rhaid i ni fynd i'r Genedlaethol bob blwyddyn. Ond do'dd gen i ddim diléit o gwbwl yn yr hyn o'dd yn mynd mla'n ar y Maes nac mewn unrhyw babell. 'Nes i fawr ddim 'da'r Urdd yn yr ysgol chwaith, a hynny falle'n dod 'nôl mwy at y ffaith nad o'n i'n un am gymysgu rhyw lawer mewn grwpiau mawr o bobol.

Ma'n siŵr 'da fi bod gen i ryw agwedd tuag at y Gymraeg a'i phethe o'dd yn golygu nad o'n i'n credu fod angen i fi weithio rhyw lawer ar yr iaith. Cymro Cymraeg o'n i ac ro'dd y pethe Cymraeg yn dod yn ddigon naturiol. Ro'dd teimlad bod angen mwy o waith ar y Saesneg a dyna siwd 'nes i ymddiddori cymaint yn llenyddiaeth yr iaith honno ac yn ei diwylliant poblogaidd. Ro'n i hefyd yn cymysgu'n well gyda'r disgyblion di-Gymraeg yn yr ysgol. Ond ro'dd dyddie ysgol y tu cefen i fi nawr, a Choleg Celf o 'mla'n.

Wedi cyrraedd yna, des i gwrdda rhywun o'dd yn wyneb cyfarwydd i fi. Un o'r darlithwyr o'dd Osi Rhys Osmond, arlunydd o fri ei hunan, wrth gwrs. Fe gofies cyn pen dim le ro'n i wedi ei weld o'r bla'n. Ro'dd yn beth cyffredin iawn i bobol o bob math o gefndiroedd alw heibio'r Hendre i weld Dad, yn ddirybudd yn amal iawn. Un gwanwyn, a'r tato newydd yn barod yn y pridd, da'th dau foi digon rhyfedd yr olwg at y drws a gofyn ai dyna le o'dd Dic Jones y bardd yn byw. 'Ie, ie,' medde Mam, a mewn â nhw. Osi Rhys Osmond o'dd un a'r cyfarwyddwr ffilm Karl Francis o'dd y llall. 'Licech chi aros i swper?' gofynnodd Mam. 'Diolch yn fawr!' medde'r ddau fel un. A dyna fy nghalon i'n suddo fel carreg. Ro'dd hi i fod yn noson sbesial o ran bwyd, gan fod tato fflat a mecryll 'da ni. I'r rhai ohonoch chi sydd ddim yn gwbod, ma tato fflat yn fwyd sbesial iawn ac ro'n i'n edrych mla'n yn fawr at eu ca'l y noson honno. Ma gofyn berwi tato newydd, wedyn eu torri'n dafellau tenau'r diwrnod canlynol ac yna'u ffrio. Dyna o'dd

63

i swper y noson honno, ond nawr ro'dd dau ddyn dieithr wedi dod i rannu'r hyn o'dd i fod dim ond i ni. Do'n i ddim yn hapus a do'dd dim ots 'da fi pwy o'dd y bobol yn ein tŷ ni y noson honno – ro'n nhw wedi dwyn fy nhato fflat i! Erbyn i ddyddie Coleg Celf Caerfyrddin gyrraedd, fe ddes i ddeall mai'r boi fydde'n fy nysgu o'dd un o'r ddau wnaeth ddwyn tato fflat oddi ar fy mhlât yn yr Hendre!

Ro'dd pobol wastad yn galw yn tŷ ni, a gwahanol deip o bobol, fel wedes i. Do'dd dim patrwm o gwbwl i'r ymweliadau gan bobol o'r tu fas i'r cylch lleol, pobol fel Karl ac Osi. Ro'n nhw'n galw pryd ro'n nhw'n galw a do'dd Dad ddim wastad yn yr hwyliau gore i dderbyn ymwelwyr dirybudd, er na fydde fe byth yn dangos hynny ac y bydde croeso brwd iddyn nhw bob tro. Gwahanol o'dd yr ymateb i'r rhai fydde'n galw draw o ardal yr Hendre, neu o'r tu fewn i'r cylch amaethyddol. Ro'dd rheini'n galw yr un amser bob wythnos fel watsh. Pobol fel Ifor Owen, Ben-rhewl, tad Sion o'dd yr un oedran â fi. Ffarmwr o'dd e, ond ddim un brwdfrydig chwaith. Dyn digon tawel ei ysbryd, dyn arbennig iawn a gweud y gwir, un a dda'th i fod yn dipyn o fardd yn diwedd. Pan fydde fe a'i debyg yn galw, 'na le o'n ni wedyn yn ishte rownd y ford ac yn trafod etymoleg geiriau neu ryw ddarn o farddoniaeth neu'i gilydd. Hynny yw, Ifor a Dad yn trafod, ond ro'n i wastad yna, yn gofyn cwestiynau hyd yn oed os nad o'n i'n gallu cyfrannu unrhyw ateb neu sylw. Ro'n i'n meddwl fod hwn yn arferiad digon normal ar y pryd, ond wrth dyfu'n hŷn sylweddoles i nad yw e'n beth normal o gwbwl a'i fod mewn gwirionedd yn beth gwerthfawr iawn. Er hyn i gyd, do'dd gen i ddim awydd barddoni fy hunan, ond fe ddysges lot am eiriau, eu hystyr a'u sŵn.

Ro'dd Chic a'i wraig Beryl yn dod bob nos Sul. Ar fore Sul wedyn, ro'dd Dai Llwyngwyn yn ymweld. Fel Dai Montegido ro'dd lot fawr yn ei nabod am mai o'r ffarm honno yn Llanarth y da'th yn wreiddiol. Fel Dai Llwyngwyn y des i i'w nabod gynta, ond wedi clywed yr enw arall ro'n i'n meddwl ei fod yn gymeriad llawer mwy egsotig. Sda fi ddim syniad beth yw tarddiad Montegido fel enw ffarm yng nghefen gwlad Cymru – a'th y sgyrsiau etymoleg rownd y ford ddim mor bell â hynny! Ond ro'dd 'na ryw dinc cyfrin iawn iddo o'dd yn cydio yn fy nychymyg. Petai rhywun yn gofyn i chi ddisgrifio'r amaethwr henffasiwn nodweddiadol, Dai Llwyngwyn fydde'r amaethwr hwnnw. Ro'n i'n amal yn mynd lan i ffarm Dai ar gefen fy meic yn grwtyn, a gwario tipyn o amser 'da fe. Do'dd e ddim yn academaidd alluog, ond ro'dd ganddo allu a deall mewn sawl maes arall. Un peth ynglŷn ag e a gydiodd yn fy nychymyg i fel plentyn, yn fwy na'i enw, o'dd ei allu i drin dryll 12 bôr. Do'dd dim un 'da fe ei hunan – ca'l menthyg un yr Hendre o'dd e fel arfer. Gallai fod yn sefyll yng nghanol cae yn siarad 'da chi a'r dryll yn pwyso ar ei fraich, wastad ar gau, byth wedi ei agor ar ei hanner. Yna bydde fe'n gweld rhywbeth yn symud yng nghornel ei lygad, cwningen fel arfer, a heb dorri'r sgwrs na chymryd saib i anelu bydde fe'n troi'r dryll i gyfeiriad y gwningen, saethu cyn ei fod e'n gafael go iawn yn y dryll, a llwyddo ei tharo bob tro.

Ro'dd e hefyd yn gweithio rhyw fath o eli – *embrocation* fydde pawb yn ei alw. Cymysgwch rhyfedd o'dd y stwff 'ma ro'dd sôn amdano ar hyd cefen gwlad. Do'dd Dai byth yn fodlon gweud wrth unrhyw un beth o'dd ynddo fe. Do'dd e chwaith byth yn fodlon derbyn arian am yr eli. Ro'dd gofyn rhoi rhywbeth iddo fe ro'dd e ishe ar y pryd yn gyfnewid am ei gynnyrch, rhyw ffafr neu addewid i fenthyg rhyw dwlsyn neu'i gilydd er enghraifft. Ro'dd yn eli a fydde'n gwella popeth. Rhwbio fe yn y croen o'dd y drefn a bydde'r gwres o'dd yn dod ohono'n gweithio'i ffordd lawr trwy'r croen at ble bynnag o'dd y drwg. Ro'dd e'n ca'l gwared ar botel ar ôl potel o'r hylif gwyrthiol 'ma. Golwg digon od o'dd iddo fe yn y botel hefyd, wedi ei rannu'n dair haenen bendant – fel hufen gwyn trwchus ar y gwaelod, wedyn rhywbeth fel *white spirit* yn y canol a rhyw stwff brown ar y top. Ro'dd pobol yn teithio o bell i ga'l eli Dai Llwyngwyn.

Ond os o'dd mwy o batrwm i ymweliadau pobol leol ac amaethwyr, do'n nhw ddim wastad yn ca'l yr un fath o groeso ag o'dd y dieithriaid achlysurol yn ei ga'l, fel awgrymes i. Yn amal iawn, iawn, pan fydde cymeriadau cyson yn galw heibio, fan'na bydde Dad yn ishte ar bwys y ford yn darllen papur. Fydde fe ddim yn edrych ar y sawl o'dd wedi galw i'w weld, nac yn siarad â nhw am sbel chwaith, dim ond cario mla'n i ddarllen. Ond ro'n nhw'n ei nabod yn ddigon da i adael iddo fe fod fel'na a fe, yn ei dro, yn gwbod eu bod nhw yn ei ddeall. Wedi'r cwbwl, ro'n nhw'n dod 'nôl bob wythnos i ga'l y fath dderbyniad. Ro'dd yn batrwm pleserus iawn i fi a rhythm ymweliadau'r cymeriadau lliwgar hyn yn ddiddorol dros ben. Ro'dd eu cwmni, a'r sgyrsiau rownd y ford ynglŷn â geiriau ac ati, yn gymaint o addysg i fi ag unrhyw ysgol ges i.

Myfyriwr celf. Canwr mewn grŵp roc. Dyna fel o'dd pethe wedi gweithio mas i fi erbyn i'r wythdegau droi'n nawdegau. Ond cyn i'r degawd ddiflannu'n llwyr, da'th rhywbeth newydd eto mewn i 'mywyd. Ro'dd rhaglen wedi dechre ar S4C o'r enw *Heno* ac fe ges i gyfle i wneud ambell eitem mewn slot o'r enw FiTV lle ro'n i'n mynd â chamera fy hunan i wneud rhyw stori neu'i gilydd yn y fffordd ro'n i'n ei gweld hi. Fe es mla'n o fan'na i wneud lot o waith teledu, fel y clywn ni. Ma fe'n waith diddorol sydd ddim yn waith cyffredin yn yr ystyr bod gofyn chwysu na gwaedu i'w gyflawni. Fel wedodd un ffrind i fi, Sion Dom, wrth sôn am waith teledu: 'Ma fe'n well na gwitho!' Ond ma'n rhaid gweud i fi ga'l un o'r profiadau gore ges i erio'd ym myd teledu reit ar y dechre wrth wneud eitem i'r slot FiTV.

Lan â fi o'r Hendre a gyrru am dair awr i gyrraedd Ynys Môn, le o'dd y ffilmo i ddigwydd. Ar yr adeg hynny – falle fod e'n dal i ddigwydd, dw i ddim yn gwbod – ro'dd yr Awyrlu yn rhoi cyfle i aelod o'r cyhoedd fynd yn un o'u hawyrennau o bryd i'w gilydd, fel rhyw fath o ymarferiad **PR** am wn i. Hyn a hyn o slots o'dd bob blwyddyn i wneud hynny a thrwy gwmni Agenda, fel o'dd e ar y pryd (Tinopolis nawr), fe dda'th cyfle i fi hedfan gyda'r Awyrlu. Ac nid mewn unrhyw awyren chwaith, o na. Ces gyfle i fynd mewn awyren ymladd Hawk. Wel, am gyffroi yn llwyr wrth anelu'r car tuag at Ynys Môn, a'r Fali'n benodol! Ro'n i i fod i gwrdda un o hyfforddwyr yr Awyrlu, Dewi Roberts. Erbyn hyn ma fe wedi gadael yr Awyrlu ac yn rhedeg busnes gweithio toffi a *vodka*, ond ar y pryd fe o'dd yr un a fu'n hyfforddi'r Red Arrows! Ro'n i mewn dwylo da.

Wedi cyrraedd y Fali, rhaid o'dd gwisgo'n addas ar gyfer mynd mewn Hawk. Rhan bwysig iawn o'r hyn ro'n i i'w wisgo o'dd y trowsus. Nid trowsus cyffredin mohonyn nhw. Y 'G Force trousers' o'dd eu henw, sef trowsus niwmatig ro'dd yn rhaid eu plygo mewn i ochr yr awyren wedi i fi eu rhoi amdana i. Eu pwrpas o'dd fy helpu i ddygymod â'r grym G sydd i'w deimlo pan ma *fighter jet* yn hedfan ar ei heitha. Pan ddaw'r fath rymoedd ma'r pwysedd sy'n ca'l ei greu yn llythrennol yn mynd i'r pen ac wedyn ma aer yn ca'l ei chwythu i mewn i'r trowsus yn awtomatig. Ma rheini wedyn yn tynhau am y coesau er mwyn anfon gwa'd 'nôl lan i'r ymennydd. Ro'dd camera bach gyda fi yn y cocpit ac fe wedodd Dewi wrtha i am gadw llygad ar hwnnw pan fydden i'n teimlo'r Gs. Bydde'r rheini'n gwneud i'r camera deimlo'n llawer trymach a gethen i jobyn aruthrol i'w ddal yn yr unfan, medde fe.

'Lle ti isho mynd?' gofynnodd Dewi i fi pan o'dd popeth yn barod. Wel, ro'n i'n gwbod fod llain lanio ddim yn bell o adre, ar bwys Aberporth, felly gofynnes a allen i fynd 'nôl i ardal yr Hendre. Os gymrodd hi dair awr i fi yrru lan yn y car, fe gymrodd chwe munud i wneud yr un daith yn yr Hawk! Gwir o'dd y gair hefyd. Pan o'dd yr Hawk, sy'n awyren fach iawn mewn gwirionedd, yn cyrraedd grym G, ro'dd y trowsus yn gwneud eu gwaith. Ro'dd Dewi'n iawn ynglŷn â'r camera hefyd, er i fi amau ei gyngor yn fawr, gan gredu y bydden i, fel mab ffarm, yn gallu dal gafael ar gamera bach mewn awyren beth bynnag fydde'n digwydd. Pan gyrhaeddwyd y Gs, ro'n i'n dal sownd i'r camera nes fy mod yn llythrennol yn crynu 'da'r ymdrech. Ar fwy nag un adeg, fe laniodd y camera ar fy nghoes am ei fod yn rhy drwm i fi ddal gafael arno fe. Ro'dd Mam yn gweithio nos y dyddie hynny ac fe 'nes i'n siŵr ein bod yn ei deffro o'i chwsg canol dydd trwy fynd rownd yr Hendre ddwywaith yn yr awyren.

Lawr â ni o ardal Aberporth, dros fynyddoedd y Preseli, draw at ogledd Abertawe a throi wedyn i ddod 'nôl lan dros y Canolbarth. Ro'dd sawl achlysur pan o'n i'n teimlo fy mhen yn mynd yn ysgafn a phopeth yn troi'n wyn. Ro'dd yr ymennydd yn ca'l ei amddifadu o ocsigen achos y grymoedd sy'n ca'l eu creu wrth hedfan mor gyflym. Da'th yn gwbwl amlwg i fi mai jobyn i ddynion ifanc caled yw bod yn beilot. Ma nhw'n gwbod yn gwmws le ma lan, le ma lawr, le ma'r gelyn a beth yw beth.

Yna, da'th y Canolbarth. 'Ma Dewi'n gweud wrtha i gydio yn y llyw, y *joystick*. Bydde fe'n dal i reoli'r awyren ond bydde cyfle 'da fi, am dipyn, i lywio. 'Paid â gneud dim byd yn sydyn,' medde Dewi, 'ma awyren fel hon yn medru ymateb i'r symudiad lleia.' Wedi cydio yn y llyw ro'n i'n deall beth o'dd e'n feddwl. Ro'dd yr Hawk lan yn yr awyr, wrth gwrs, ond do'dd dim teimlad o hynny wrth ei hedfan. Ro'dd fel petai ar dracs a ddim fel petai'n rhydd o gwbwl, cymaint o'dd ei afael yn yr aer. Anodd gwneud cyfiawnder â siwd ro'n i'n teimlo wrth wbod fy mod yn hedfan Hawk jet!

'Reit,' medde Dewi wedyn, 'ma 'na *steep banked turn* i'w neud rŵan. Pwysa'r llyw reit drosodd a thynna fo 'nôl.' O'r mowredd, ro'dd yr awyren i gyd yn crynu'n ddychrynllyd ac yn gwneud sŵn arswydus, y trowsus yn gwasgu'n dynnach nag o'n nhw wedi gwneud cyn hynny ar y daith a finne bron, bron â cholli ymwybyddiaeth a mynd mas ohoni'n llwyr. Drwy hyn, ro'dd Dewi yn treial fy argyhoeddi fod hyn yn berffaith naturiol a 'na le o'dd e'n hymian ac yn canu fel petai ar gefen beic!

Dros ben Cadair Idris, ma fe'n troi'r awyren i un ochr a gofyn i fi edrych ar do sied ffarm oddi tanon ni. Fan'na, wedi sgrifennu mewn llythrennau mawr, ro'dd y neges glir 'F**k Off, Biggles!' Yn amlwg, ro'dd rhywun yn anfodlon bod yr Awyrlu'n hedfan yn yr ardal. Ond ro'dd pob peilot yn y Fali yn gwbod am y neges 'ma ac yn dod rownd uwchben y sied i'w gweld bob tro ro'n nhw yn y cyffiniau. Felly, tynnu sylw wnaeth hi, ond nid yn y ffordd ro'dd yr awdur wedi bwriadu!

O ga'l fy magu yn yr Hendre, ddim yn bell o ganolfan awyr Aberporth, ma diddordeb 'da fi mewn awyrennau ers 'mod i'n grwt. Ro'n i'n gallu eu nabod fel crwt bach: y Tornadoes, y Chinooks, yr Hercules, yr European Fighters, y Lynx ac ati. Ro'dd ca'l hedfan mewn Hawk, felly, yn bleser pur, digyfaddawd, a hynny trwy wneud gwaith teledu.

Wedyn da'th cyfle i wneud teledu o fath gwahanol. Ro'dd S4C am wneud rhaglen ffasiwn newydd o'r enw *Steil a Steil*. Da'th cais i fi fod yn un o'r cyflwynwyr. Fe es drwy'r prawf sgrin yn ocê ac ro'n i, felly, yn gyflwynydd teledu. Ro'n i'n cyd-gyflwyno â Rhian Davies, sydd ddim ar y sgrin o gwbwl bellach yn anffodus.

Cododd cwestiwn arall wedyn, wrth gwrs. Os o'dd angen datblygu Jess tra 'mod i'n dal yn yr ysgol, nawr ro'dd gofyn parhau i ddatblygu'r grŵp tra o'n i'n fyfyriwr celf ac un o'dd newydd ddechre cyflwyno. Ro'dd ishe holi fy hunan ynglŷn â pha un o'r opsiynau gwahanol 'ma o'dd yn mynd i gynnig y mwya i fi mewn bywyd. Do'dd e ddim yn edrych yn debygol iawn y bydde'r celf yn cynnig rhyw lawer. Be nethen i 'da fe? Dysgu? Dim diolch! Y band o'dd yn dod ag arian mewn, fel o'dd y gwaith teledu yn dechre gwneud. Felly, fel'na ro'n i'n debygol o fynd: aros 'da'r band a derbyn y gwaith teledu pan fydde fe'n dod. Ro'dd Emyr wedi anghofio am ei fwriad i fynd i'r brifysgol ac wedi dwyn perswâd ar ei deulu fod 'na yrfa 'da Jess.

Do'dd y ceisiadau i ni ware ddim wedi lleihau ac fe ddechreuodd blynydde cynta'r nawdegau yr un mor brysur ag y gorffennodd rhai diwetha'r wythdegau. Fe aethon ni i Sweden ar daith, ac ymddangos yng

Ngŵyl Glastonbury hefyd – y ddau â ninne'n dal i ganu yn y Gymraeg.

Ond do'dd y syniad o ehangu ein hapêl a'n profiad trwy droi at berfformio mwy yn Saesneg ddim wedi diflannu'n llwyr. Ro'n ni wedi bod 'nôl a mla'n i Lunden lot i ware mewn mannau amrywiol yn y ddinas ac ro'dd ein profiad o ganu yn Saesneg wedi ehangu cryn dipyn beth bynnag. Bron i ni ga'l cytundeb recordio ar y ford gan gwmni o'r enw Rhythm King. Ro'dd 'na ddau bartner yn y busnes ac ro'dd un wrth ei bodd â'n sŵn ni fel Jess. Ond do'dd ei phartner hi ddim mor awyddus. Y maen tramgwydd iddo fe o'dd nad o'dd e'n gwbod ym mha *genre* y dyle fe roi Jess. Am y rheswm hynny, felly, do'dd e ddim am gynnig cytundeb i ni.

Cymrodd y canu Saesneg dro pendant pan dda'th y canwr Mike Peters aton ni. Fe wnaeth ei enw gyda band The Alarm, ond o'n nhw wedi gorffen erbyn iddo ddod i siarad â ni. Ro'dd am i ni gefnogi taith newydd ro'dd e wedi ei threfnu. Y cynnig o'dd i ni agor pob noson fel Jess ac wedyn bydde ni'n ymuno 'da fe fel *backing band*, dan yr enw newydd The Poets of Justice. Ro'dd cyfle nawr i deithio trwy Brydain a rhannu profiad dyn o'dd wedi profi cryn lwyddiant gyda'r Alarm a rhannu llwyfan gyda sêr fel U2 a Bob Dylan.

Ond da'th problem i'r amlwg yn weddol glou, i fi'n bersonol o leia. Pan o'n i ar y llwyfan 'da Mike, beth o'dd 'na i fi wneud? Ble o'dd fy lle yn y perfformiad? Ro'dd rhywfaint o ware gitâr i wneud, yn amlwg. Ond ffrynt man o'n i wedi'r cwbwl ac ma pob llwyfan yn rhy fach i ddau ffrynt man. Ro'n i'n mynd ymhellach ac ymhellach 'nôl i'r cysgodion a dyw hwnna ddim yn lle cyfforddus i rywun fel fi.

Ond ro'dd digon o nosweithiau da ar y daith ac ro'dd yn brofiad gwerthfawr iawn. Ma un noson benodol yn aros yn y cof, y gig yn Reading. Ar ddechre'r noson fe dda'th y boi byr, pen moel 'ma lan aton ni a gweud 'Hi, I'm Lorenzo from Italy. I love your music!' Ro'n i'n meddwl ei fod yn sôn am Mike ond, na, am Jess ro'dd e'n sôn! Ro'n i am wbod wedyn siwd o'dd e'n gwbod amdanon ni yn y lle cynta. Do'dd e heb ein clywed ni'r noson honno eto. 'I believe it was a place called Cilgerran,' medde fe yn ei acen Eidaleg gref, a mla'n â fe: 'You played in a festival, Harvest Festival or something. It was recorded and I received a bootleg copy of that recording in Italy.' Rhyfedd o fyd! Ac ro'dd e'n amlwg ei fod yn gweud y gwir. Trwy set Jess yn y gig yna ro'dd e yn y gynulleidfa, yn y ffrynt, o dan ein trwyne ni ac yn dawnsio a chanu o'r dechre i'r diwedd. Ro'dd e'n gwbod geiriau bron pob cân, ware teg iddo fe.

Ar ddiwedd y noson, 'nôl â fe aton ni gefen llwyfan. 'You must come to Italy!' medde fe'n frwdfrydig tu hwnt. 'Yes, great,' medden ni. 'Have you organised a tour before?' 'No, never,' atebodd e. 'O, 'na ni, 'te,' medde fi wrth fy hunan, 'glywn ni ddim wrth y boi 'ma byth 'to.' Ond fe wnaethon ni roi rhifau cyswllt iddo yn ddigon cwrtais, a bant â ni.

Rai misoedd wedi hynny, fe ganodd y ffôn. Lorenzo. 'What are you doing in May? I have ten concerts for you and an appearance on a TV programme.' Ro'dd y boi yn amlwg yn gwbwl ddiffuant a chwbwl o ddifri. Ro'dd taith i'r Eidal o'n bla'n ni felly. A 'na chi dro arall yn y stori.

Ro'dd hi'n 1995 a bant â ni i'r Eidal yn y fan. Ro'dd Lorenzo wedi trefnu ymddangosiad i ni ar raglen deledu cwmni o'dd yn gweithio o Milano. *Segnali di Fumo* o'dd enw'r rhaglen ac ro'dd hi'n un uchel ei pharch yn yr Eidal. Do'dd dim MTV yna ar y pryd, ond y rhaglen honno o'dd yn cyflawni'r un pwrpas. Ond cyn cyrraedd, ro'dd yn rhaid mentro drwy wledydd eraill Ewrop gynta yn y fan fach. Ro'dd gofyn gwneud y *carnet* bondigrybwyll bob tro ro'n ni'n croesi ffin, sef cofnod swyddogol o'r cwbwl o'dd gyda ni. Ro'dd Ffrainc yn teimlo'n ddiddiwedd, aethon ni mewn a mas ohoni gymaint o weithiau rownd sha'r Swisdir 'na. Ond wedi oriau mawr yn y fan fe gyrhaeddon ni'r Eidal, a Milano yn benodol. Dyna o'dd rhyddhad.

Aeth cyngherddau cynta'r Eidal yn iawn, digon derbyniol, a chyn hir da'th yr amser i deithio i Milano ac at y cwmni teledu. Lan â ni o Reggio, felly, at y ddinas fawr. Geson ni ddeall fod Lorenzo nid yn unig wedi anfon tâp o Jess yn ware at y rhaglen deledu ond ro'dd e wedi rhoi addewid iddyn nhw hefyd. Os bydde nhw'n ein derbyn ni, bydde fe'n gofyn i'w fam goginio'r plât gore o basta ro'dd unrhyw un yn y cwmni wedi ei ga'l erio'd!

Dw i ddim yn gwbod ai'r tâp neu'r pasta weithiodd, ond ro'n ni fewn!

Wrth yrru mewn i Milano felly, a finne'n dreifo, ro'dd Lorenzo yn ishte wrth fy ochr a phowlen yn llawn pasta ar ei gôl – pryd o'r enw Cappelettis Bomb ro'dd ei fam wedi gwneud ac o'dd yn ca'l ei ddelifro'n barchus gan ei mab.

Wel, ro'dd e'n barchus tan i ni gyrraedd canol Milano. Weles i erio'd y fath ddreifo yn fy mywyd. Hollol wyllt a chwbwl wahanol i unrhyw sort o ddreifo ro'n i wedi gwneud cyn hynny. Ro'dd Lorenzo yn gweud wrtha i pa ffordd i fynd a Chris wedyn yn y cefen yn gweiddi hefyd. 'I'r chwith!' medde fe. 'I'r chwith!' wedi i Lorenzo roi rhyw gyfarwyddyd neu'i gilydd.

Do'dd dim dewis. Ro'dd yn rhaid cyfadde, am y tro cynta erio'd am wn i, nad o'n i'n gwbod y gwahaniaeth rhwng de a chwith. Llaw chwith ydw i, ac ma hynny wedi dod â rhyw anhawster gwahaniaethu i fi hefyd. 'Drycha'r twlsyn,' medde Chris, gan ddangos ei law chwith i fi, y pedwar bys yn pwynto lan a'r bawd yn stico mas. 'Ma fe'n sillafu "L" am left!' medde fe wrth dynnu bys cynta'i law dde ar hyd bys cynta'r llaw chwith a draw ar hyd y bawd. Ro'dd hwnna'n ffordd syml ond effeithiol o helpu fi wbod p'un o'dd p'un. Dw i'n dal i dynnu siâp yr 'L' hyd heddi os dw i wedi drysu rhwng de a chwith.

Fe gyrhaeddon ni'r stiwdio deledu yn diwedd ac fe a'th y recordio'n hyfryd. Fe wnaethon ni ddwy gân yn Gymraeg ac un yn Saesneg. Gan fod tamed bach o Saesneg gyda'r cyflwynydd fe wnaeth gyfweliad 'da ni hefyd. Fe a'th y daith yn hwylus dros ben a gweud

y gwir, a ware teg i Lorenzo am gyflwyno band o
Gymru i'w famwlad ynte.

Yn ystod y nawdegau, dw i ddim yn gwbod faint o
weithiau bues i lan a lawr yr M4 i Lunden rhwng un
peth a'r llall. Gigs Jess a ffilmo fanycha. Dw i'n cofio
un tro lan yn y ddinas wneith aros 'da fi am byth. Nid
dyma'r atgof melysa falle, ond wrth edrych 'nôl ma'n
stori sy'n werth ei rhannu. Rhaid i fi bwysleisio 'mod
i wedi gofyn i sawl un a ddylen i gynnwys y stori 'ma
yn y llyfr, gan ei bod yn stori mor amheus. Ond ro'dd
pawb yn unfryd y dyle hi fod mewn. Felly dyma hi.

Bues i lan 'na'n ffilmo criw ffermwyr ifanc
Penparc o'dd yn derbyn gwobr bwysig ym Mhalas
St James, a Thywysog Cymru yn ei chyflwyno iddyn
nhw. Ro'n nhw wedi creu prosiect yn seiliedig ar
drasiedi a ddigwyddodd yn agos iawn i gartre pan
gafodd pump crwt ifanc eu lladd mewn damwain
car ger Blaenannerch. Bydd rhai ohonoch yn cofio.
Ar noson y ddamwain, ro'dd Jess yn ware lawr yn
Llwyndyrys, a phan glywes i'r newyddion ro'n i'n
treial cofio os weles i wynebau'r bois yn y cyngerdd
y noson honno. Bechgyn o'dd wedi bod drwy'r ysgol
gyda fi o'dd y pump, ac ro'dd un gyda fi yn yr ysgol
gynradd. Ma'r A487 wedi altro'i chwrs bellach i'r
de o Flaenannerch achos y gwaith adnewyddu ar
Barc Aberporth. Nawr, ma bwlch ben rhewl Cyttir
Mawr lle digwyddodd y ddamwain wedi ei symud
o'r golwg. Ond, wrth gwrs, fydd y ddamwain byth

mas o gof rheini o'dd yn nabod ac yn caru'r pump.

Wedi'r gwobrwyo ym mhalas y Tywysog, gymeres i bod fy ngwaith ar ben. Do'dd dim criw ffilmo gyda fi, gan mai fi o'dd yn gwneud y cwbwl – y gwaith camera, y sain a'r cyflwyno. O ganlyniad, wrth gwrs, ro'dd wampin o offer ar fy ysgwydd. Ro'n i'n edrych mla'n yn fawr at ga'l mynd 'nôl i'r gwesty er mwyn paratoi i fynd i weld perfformiad o sioe *Cats* yn y West End. Ond gofynnodd y criw ffermwyr ifanc siwd o'dd cyrraedd Tŷ'r Cyffredin, gan eu bod nhw wedi trefnu cwrdda'u Haelod Seneddol yn y man hwnnw. 'Nes i ateb trwy weud mai dim ond dros y tamed parc 'ma (St James's Park) o'dd Tŷ'r Cyffredin a fydde nhw fawr o dro yn cyrraedd yna. Ond do'n nhw ddim yn barod i adael hebdda i mewn gwirionedd. Bant â fi, felly, i arwain y ffordd, a phwyse'r offer ffilmo yn gwasgu ar fy ysgwydd a finne ar bigau'r drain ishe mynd i baratoi i weld *Cats*. 'Nes i arwain y ffermwyr ifanc ar draws St James's Park, draw i Westminster, gan siarad yn hapus gyda'r criw am y profiad o dderbyn y wobr gan y Tywysog.

Wrth i Westminster ddod i'r golwg, newidiodd trefn y ffordd ro'n ni'n cerdded. Fi o'dd ar y bla'n i ddechre, yn naturiol. Ond pan welodd y criw bod y man lle ro'n nhw am fynd i'w weld o'u blaenau, fe ruthron nhw mla'n wedyn yn ddigon cyffrous ac anelu'n syth am ddrws Tŷ'r Cyffredin. Grêt, medde fi, ma fy ngwaith ar ben, galla i droi rownd nawr a mynd 'nôl. Ond na!

Gadwch i fi ddisgrifio mynedfa gyhoeddus y Tŷ y diwrnod hwnnw. Ro'dd prif weinidog Israel yna,

Benjamin Netanyahu. Y tu fas ro'dd y ciw mwya anferthol, mewn termau Beiblaidd, yn aros i fynd mewn, a'r rhes o bobol yn mynd tu hwnt i gorneli pell y palas. Ro'dd cannoedd yna, o bob man dros y byd. Ro'dd yr Aelod Seneddol yn amlwg yn meddwl falle y bydde'r ciw anferth yn drysu ei westeion ac ro'dd wedi sefyll ar y pafin wrth y drws er mwyn eu gweld yn cyrraedd. Pan ddaethon nhw'n agos, galwyd y ffermwyr ifanc reit i fla'n y ciw ac at y drws i fynd mewn i Dŷ'r Cyffredin.

'Dwi'n mynd, bobol, rhaid i fi fynd nawr,' medde fi wrthyn nhw i gyd, gan orfod gweiddi, mewn gwirionedd, gan fod cymaint o sŵn a chyffro yna.

'Dere 'da ni, Brych, ti ma nawr,' o'dd yr ateb dda'th 'nôl, a chyn i fi wbod beth o'dd yn mynd mla'n yn iawn, ro'n i wrth y ffrâm fawr o beiriant yn y fynedfa o'dd yn fagnet darganfod metal.

Gyda'r offer ar fy ysgwydd a finne ishe mynd i weld *Cats*, ro'dd yr amynedd yn byrhau'n go glou. Ond tu ôl i fi bellach ro'dd y cannoedd wedi dechre symud mewn drwy'r un drws ac am mla'n o'dd y ffordd ore i fi fynd. Do'dd dim amdani ond mynd drwy'r magnet darganfod metal a heibio'r swyddogion diogelwch.

Do'n i'n synnu dim pan fynnodd y swyddogion fy mod yn tynnu'r offer ffilmo oddi ar fy ysgwydd cyn mynd drwy'r peiriant ac, wedi gwneud hynny, mewn â fi drwy'r ffrâm. Ping, ping, ping a'th y larwm. Dyna pryd cofies i fod rhywbeth yn fy mhoced na ddyle fod 'na, yn enwedig lle'r o'n i. 'Nes i edrych 'nôl i weld os o'dd ffordd i fi ddianc ond na, dim gobaith. Un wal fawr o bobol o'dd tu cefen i fi. Diolch i'r drefn bod y ffermwyr ifanc wedi symud 'mla'n tu hwnt i le o'n i ac, o ganlyniad, wnaethon nhw ddim clywed beth ddigwyddodd nesa.

'Empty your pockets,' medde'r swyddog, heb 'os gwelwch yn dda'.

Ro'n i'n gwbod yn iawn beth o'dd wedi hala'r peiriant i glochdar. Ro'dd pibell yn fy mhoced, cetyn bychan ro'n i'n ei ddefnyddio i smygu. Enw'r peth yw 'silver palm leaf', gan ei fod yn fach, yn wastad ac yn gorwedd ar eich llaw wrth i chi ei ddefnyddio. 'Nes i estyn y peth mas i'r swyddog ga'l ei weld. Ond do'dd hi ddim yn deall beth o'dd e ac ro'dd yn rhaid i fi esbonio iddi. Gofynnodd i fi wagio fy mhocedi wedyn. Damo! Ro'dd rhywbeth arall arna i na ddyle fod.

Bydd rheini ohonoch wnaeth ddefnyddio camerâu 35mm cyn dyddie camerâu digidol yn cofio'r casyn bach plastig o'dd yn dal y rôl ffilm. Un o'r rheini dda'th mas o fy mhoced. Gorfodwyd i fi ei agor wedyn, gan nad o'dd ffilm yn ca'l ei ganiatáu yn Nhŷ'r Cyffredin, yn enwedig gan fod Benjamin Netanyahu yna.

Fe 'nes i fy ngore i osgoi gorfod gwneud hynny a dadlau'n ddidwyll nad o'dd ffilm yn y casyn. Ond fe wnaeth y swyddog ei gwaith yn drylwyr a mynnu eto fy mod yn ei agor. 'Nes i feddwl yn ofalus am fy ngeiriau nesa.

'It's not film, it's hashish and it's for my own personal use.'

Wrth edrych ar y sioc pur ar ei gwyneb ces i'r argraff mai ychydig iawn o bobol o'dd yn ca'l eu dal am fod â chyffur anghyfreithlon yn eu meddiant wrth fynd mewn i Balas Westminster. Cododd hon ei llaw ac o fewn ychydig eiliadau ro'dd plismyn yn fy arestio ac yn fy arwain at y 'Black Maria' er mwyn fy nghludo i gelloedd cyfagos Charing Cross (rhai digon diflas, gyda llaw).

Ond cyn mynd o'r man lle ces i 'nal, ges i'r offer ffilmo 'nôl, trwy lwc. Felly, wrth i mi ga'l fy arwain o'na gan y plismyn, edryches i 'nôl dros fy ysgwydd i gyfeiriad y ffermwyr ifanc, gan wneud mosiwn o'dd yn awgrymu mai'r offer ffilmo o'dd y rheswm dros fy ngwahardd. Fe wnaethon nhw fy nghredu. Tan nawr, wrth gwrs!

Does dim byd fel celloedd yr heddlu i hala chi ddifaru gweithred amheus ac anghyfreithlon, yn enwedig celloedd Charing Cross. Heb lawer o ddim byd i'w wneud ond pendroni dros yr hyn o'dd wedi digwydd, dechreues i ddarllen y graffiti ar waliau'r gell. Wnaeth hynna ddim helpu – ro'n nhw'n negeseuon digon brawychus a gweud y gwir. Digon yw gweud nad oes modd eu cynnwys fan hyn. Wedyn ro'dd ishe cymryd y *mug shots* a'r olion bysedd ac ati, a finne'n poeni'n enaid am bobol yn dod i glywed am yr holl helynt – yn enwedig fy mrawd Dafydd, o'dd yn blisman gyda Heddlu Dyfed-Powys.

Oriau maith yn ddiweddarach, ces fy rhyddhau gyda 'caution' a phregeth wrth y sarjant, o'dd â rhyw fymryn o wên ar ei wyneb hefyd. Mas â fi, yn rhydd o'r diwedd. Y peth cynta 'nes i o'dd ffonio Sian i weud y stori wrthi, yn barod am bregeth arall. A finne yn y falen, do'n i ddim yn disgwyl gwell. Atebodd Sian y ffôn a mla'n â fi 'da'r stori. Saib hir y pen draw

Dad-cu Aba, ar gefn Rob Roy.

Y tro cynta i'r llun 'ma gael ei argraffu. Caru nhw!

Rhian, Delyth, fi a Daf. Diolch i Mam am fy steil gwallt, a diolch iddi hefyd am steil gwallt Daf.

Chris yng nghanol y rhes flaen, Ms (Emyr Penlan) a finne yn y cefen. Fe fodfedd yn dalach fan hyn, pedair modfedd bellach.

Jess yn y dyddie cynnar.

Edrych am ysbrydoliaeth o dan y stâr i storws Penlan.
Llun: Seth Turner

Ar draeth Mwnt. Ms yn treial cofio'i enw.
Llun: Keith Morris

Storws Penlan, cartre ysbrydol Jess.

Pawb yn hapus!
Llun: Seth Turner

Mae'n *Hyfryd i Fod yn Fyw*,
medde CD Jess.

Ar deiars y silwair ym
Mhenlan.
Llun: Seth Turner

Traeth Mwnt, ar ôl dod gartre o Sweden.
Llun: Keith Morris

Dŵr o'dd ynddi, onest!
Llun: Medwyn Jones

Steddfod Llanelwedd, 1993.
Llun: Keith Morris

Dros gamlas yn Milano.

Gig teulu Tan 'r Eglws a'r Hendre.

Dad a finne'n perfformio 'Greensleeves', y dywedir i Harri VIII ei chyfansoddi. Eironig?

The three degrees.

Ar *Cwpwrdd Dillad* gyda Nia Parry, 2006.
Llun: S4C

Y beic gafodd ei ddinistrio yn y ddamwain.

Poster o fy amser yn canu yn yr Eidal.

Fi a Dad yn
llosgi trash.
Llun: Huw T Walters

Trafod y dyfodol. Eto!

Gyda'r cawr Felix wnaeth gario
fi dros 300 milltir o Sir
Ddinbych i Ogwr, a dros
chwe ras pwynt i bwynt.
Llun: Huw T Walters

Rudi'n edrych yn ddiniwed,
ond dyw e ddim!
Llun: Warren Orchard

Keaneo, athletwr hyd flaenau'i garnau.

Dydd fy ras gynta!
Llun: S4C

Gyda Shân
Cothi, 2006.
Llun: Warren
Orchard

Fi ar Keaneo o flaen Tim Vaughan ym Moncath. 'Nes i gwmpo saith naid wedyn.
Tim enillodd.

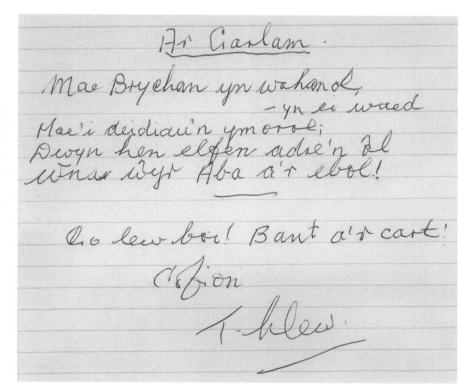

Ar Garlam.

Mae Brychan yn wahanol,
　　　　－ yn ei waed
Mae'i deidiau'n ymorol;
Dwyn hen elfen adre'n ôl
Wnâ wyr Aba a'r ebol!

Go lew boi! Bant a'r cart!
Cofion
T. Llew.

Un o'm hoff feddiannau. Cerdd T Llew i fi.

Sian a'i thad, Haydn.

Dal mor hapus.

Rudi a finne – sylwer ar faint ei ben a maint fy nghorff.
Llun: Zippia Conroy

Hanes enwau perci'r Hendre, 2011.
Llun: Warren Orchard

cyn iddi ddechre werthin yn afreolus. Y cwbwl lwyddodd hi ei weud o'dd 'You did what? You got arrested for possession on the way into the Houses of Parliament…?' Methodd orffen ei brawddeg, ro'dd hi'n werthin gormod. Ac, wrth gwrs, ro'n i wedi bod i balas y Tywysog â'r un deunydd yn fy mhoced!

Ond o leia lwyddes i weld *Cats* ar ôl hynna i gyd!

A ninne aelodau Jess 'nôl yn saff o'r Eidal, yn ddigon bodlon â'r daith, da'th tro yn ein stori. Ro'dd rhywbeth bach arall yn corddi dan yr wyneb. Ro'dd y cyfleoedd i weithio gyda The Poets of Justice yn cynyddu. Ond yn cynyddu yn fwy i Emyr a Chris nag o'n nhw i fi a hynny am y rhesymau 'nes i nodi gynne ynglŷn â dim lle i ddau ffrynt man ar lwyfan. Do'n i ddim yn hapus iawn yn y sedd gefen a do'dd y ffaith nad o'n i'n or-hoff o gerddoriaeth Mike Peters ddim yn helpu chwaith. Un peth o'dd amdani felly, sef chwalu Jess.

Ro'dd yn benderfyniad trist. Ro'n ni wedi bod 'da'n gilydd ers amser hir ac wedi mwynhau lot o lwyddiant. Ro'n ni wedi sefydlu'n hunain fel band proffesiynol yn y sîn Gymraeg ac wedi teithio cryn dipyn dramor. Ro'dd hynny wedi creu rhywfaint o ffwdan, yn enwedig pan dda'th hi i fater yr iaith. Fe benderfynon ni'n glou iawn beidio â chanu caneuon Saesneg yn ein gigs Cymraeg. Fe wnaethon ni, felly, gadw'r Saesneg i'r gigs Saesneg, a'r rhan fwya o'r rheini y tu fas i Gymru. Ond do'dd hwnna ddim yn ddigon da chwaith i lot yn y sîn Gymraeg ac yn y sefydliad Cymraeg. Ro'dd yn warthus, medden nhw, fod prif fand Cymraeg yn canu yn Saesneg o gwbwl, dim ots os o'dd hynny ar wahân i'r cyngherddau Cymraeg. Dw i ddim yn deall y ffordd 'na o feddwl hyd heddi. Gallen ni fod wedi newid ein henw i ganu yn Saesneg ond wnaethon ni feddwl y bydde hynny'n golygu y gethen ni fwy o fflac eto fyth. Felly, gadael hi fel o'dd hi wnaethon ni am fod Jess yn gweithio yn y ddwy iaith beth bynnag. Do'dd neb wedi gwneud hynny o'r bla'n. Ro'n ni'n ei wneud yn y dyddie cyn pobol fel y Super Furries a Catatonia ac ati, felly ma'n siŵr nad o'dd pobol yn gyfarwydd â'r syniad. Wedi gweud hynny, ma'n ddadl sy'n dal i rygnu mla'n heddi. Ond eto i gyd, beth yw'r broblem?

Emyr ffoniodd un dydd a gweud ei fod e a Chris wedi bod yn siarad ac yn ystyried ei bod yn well rhoi'r gore i Jess. Ro'dd e damed bach yn lletchwith, ma'n rhaid gweud, ac ma'n siŵr i fi wneud y sylw mai'r Poets of Injustice o'n nhw'u dau. Y band o'dd fy mywyd i gyd. O'dd, ro'dd gwaith teledu 'da fi, ond y band o'dd y prif beth. Fan'na o'dd yr egni creadigol yn mynd i gyd. Trwy'r band ro'n i'n teithio i ble bynnag o'n i ishe mynd. Fi mewn gwirionedd o'dd Jess, fi o'dd gwyneb Jess, fi o'dd ysbryd Jess. Ond ro'dd y cwbwl drosodd. Lwcus mewn gwirionedd i ni gwpla pan o'dd pethe'n mynd yn dda, yn yr ystyr ein bod yn dal i fod yn fishi ac yn cynhyrchu caneuon. Nid marw mas achos colli momentwm wnaethon ni ac nid cwmpo mas yn nhraddodiad gore roc a rôl wnaethon ni chwaith. O'dd, ro'dd e'n lletchwith. Ond ma'r pedwar ohonon ni wedi aros yn ffrindie ers i ni gwpla yn 1995 ac ma lle i fod yn ddiolchgar am hynny.

Rhaid sôn am rywbeth pwysig iawn ddigwyddodd yn nyddie diwetha Jess yn 1995. Mis Gorffennaf o'dd hi, cyn i ni gwpla fel band tua mis Medi y flwyddyn honno. Digwydd bod, ro'dd un nos Sadwrn rydd 'da ni heb gyngerdd ac ro'dd hi'n noson braf tu hwnt. Yn y dyddie hynny ro'n i wedi darganfod diléit clwban a phob dim o'dd yn dod yn sgil mynd i'r clybiau nos mwya i fwynhau'r gerddoriaeth. Ond y diwrnod arbennig yma, am ei bod mor braf, fe benderfynes i beidio â mynd i glwban a mynd mas i seiclo yn lle hynny. Rhyw bwl o ishe gwneud rhywbeth iachus, am wn i. Ro'n i'n seiclo lot fawr a gweud y gwir ac ro'dd gen i'r dillad Lycra angenrheidiol a sgidie seiclo go iawn hefyd. Ar fy mhen ro'dd fy ngwallt yn y dredlocs hir o'dd gen i amser hynny ac o'dd yn rhan o ddelwedd ffrynt man Jess. Galwes i yn nhŷ Emyr i ga'l dished o de ac wrth i fi ei yfed canodd y ffôn. Cefnder i Emyr o'dd ar y pen arall ac ro'dd ganddo neges glir – arhoswch le y'ch chi, dw i ar y ffordd draw a ni'n mynd mas i Abertawe!

Rhyw dair awr yn ddiweddarach ro'n ni'n tri yng nghlwb nos Martha's ar y Kingsway yn Abertawe. Ond do'n i ddim wedi ca'l amser i fynd gartre i newid, felly 'na le o'n i yn fy nhrowsus Lycra tyn, top Lycra llachar, sgidie seiclo Shimano 'da clips am fy nhra'd a'r dredlocs wrth gwrs. Do'dd dim diben gadael i

rywbeth fel'na stopio'r mwynhad, felly i ganol pawb
â fi a dawnsio bant.

Uwchben y llawr dawnsio ro'dd 'na falconi, ond
ro'dd e ar gau y noson honno a'r llenni trwchus 'ma
wedi eu tynnu ar ei hyd. Digwyddes i edrych lan
a gweld trwyn rhywun yn stico mas rhwng y gap
yn y llenni ac wedyn da'th gweddill y gwyneb i'r
golwg. Edrychodd y person 'ma yn syth i mewn i fy
llygaid a finne'n edrych yn syth i'w llygaid hi. 'Nes i
chwythu cusan lan ati hi ac fe chwythodd hi gusan
'nôl ata i. Sian o'dd hi. Ro'dd Gareth, y ffrind o'dd
gyda Sian yn Martha's, wedi gweld hyn yn digwydd
a, ware teg iddo fe, fe lwyddodd i drefnu pethe fel
ein bod ni i gyd yn dod at ein gilydd cyn diwedd y
nos. Pan dda'th amser gadael, fe ofynnodd i ni fynd
gydag e 'nôl i'w gartre ym Mhen-y-bont lle, medde
fe, y bydde 'na barti. 'Nôl â fi 'da nhw a cha'l cyfle i
ddod i nabod Sian tamed bach yn well. Dechreuodd
y berthynas rhyngddon ni mor sydyn â hynny.

Wrth i'r berthynas ddatblygu, fe dda'th cais i
fi weithio eto ar raglen *Heno* o'dd â'i stiwdio yn
Abertawe pryd hynny. Felly ro'dd angen lle i fi aros
er mwyn ca'l gwneud y gwaith a gweld Sian, o'dd yn
byw ym Mhen-y-bont. Da'th Gareth i'r adwy unwaith
eto. 'Nes i ti ga'l lle i aros yn Abertawe, gelli di ga'l
stafell fan hyn,' medde fe wrtha i. Felly, ro'dd un
stafell wely 'da fe ac ro'dd Sian a fi yn y stafell arall.
Ac i fod yn berffaith onest, edryches i byth am fflat yn
Abertawe! Ro'dd yn lle cysurus, dymunol ac iddo enw
hyfryd hefyd – Tŷ Cariad. Fan'na buon ni'n rhentu
am amser hir ac yna, un dydd, penderfynodd Gareth

ei fod am symud i Seland Newydd a rhoddodd y tŷ ar y farchnad. Wrth weithio mas beth o'dd gwerth y tŷ, fe wnaeth Gareth hefyd weithio mas faint o rent ro'dd Sian a fi wedi talu iddo ar hyd y blynydde. Fe fwrodd y cyfanswm yna bant oddi ar werth y tŷ a'i gynnig i ni am y gwahaniaeth rhwng y ddau swm. Felly, fe lwyddon ni i brynu'r tŷ lle ddaethon ni at ein gilydd am y tro cynta a le o'n ni wedi bod yn byw 'da'n gilydd am amser hir. Pan o'dd Gareth yn byw 'na, ro'dd e wedi rhoi ei gyfenw, Bellamy, ar blac pren uwchben y drws ffrynt. Dw i wedi gadael y plac yna fel teyrnged iddo fe a'r hyn wnaeth e i ni. Ma'r tŷ yn hyfryd, ac ma pentre Cefn Cribwr yn hyfryd o le hefyd. Ma'r hewl lle ma'r tŷ mewn man tawel ar ddiwedd y pentre, yng nghysgod parc anferth Bedford sy'n ymestyn draw mor bell â Tondu bron, a le ma'r llwybrau beicio a cherdded cyfagos. Ma digon o gyfle i fod mas yn y wlad, lle dw i'n dal i lico bod mor amal â phosib.

Ro'dd gan Sian ffrind gore o'r enw Bev. Trwy berthynas Sian a fi, fe dda'th hi i gwrdda Emyr Penlan ac fe ddechreuon nhw berthynas sydd wedi arwain at briodas a phlant. Fe dda'th lot mas o'r un gusan 'na a daflwyd lan at y balconi yn Martha's!

Ma busnes trin gwallt 'da Sian ym Mhen-y-bont ar Ogwr ac, ar un achlysur penodol, fe dda'th hwnna'n beth handi iawn. Des i 'nôl adre ar ôl sbin ar y motobeic i Aberhonddu un dydd a phenderfynu ei bod yn hen bryd i'r dredlocs, o'dd yn diffinio fy nelwedd, fynd. Ro'dd pawb yn fy nghysylltu i â'r gwallt, er nad o'dd pawb yn ei hoffi. Anghofia i fyth

fynd i dafarn Bess yng Nghwm Gweun a hithe'n troi
ata i yn ei ffordd ddihafal ei hunan a gofyn 'Beth
yw'r cagle 'na sydd 'da ti ar dy ben?' (Gair digon
lliwgar i ddisgrifio beth ma cynffon buwch yn gallu
edrych fel os nad yw'n lân!) Ro'dd yn bryd iddyn
nhw fynd a Sian o'dd y person i wneud y job. Ro'dd
yn rhaid siafo'r gwallt gynta cyn ei dorri â raser rhif
un. Byth ers hynny, y rhif un yw'r dewis ar gyfer y
gwallt ond nid Sian sy'n ei dorri fel'na. 'Number 1
isn't a hairstyle and I'm a hairstylist' yw'r sylw bob
tro!

Rai blynydde wedi i ni gwrdda, fe gafodd Sian
ganser. Ro'dd yn gyfnod tywyll dros ben i ni, ma'n
rhaid gweud. Bellach, gyda finne a Sian wedi bod yn
caru ers bron i ugain mlynedd, ma'n teimlo fel bod
poen y canser wedi dod iddi mewn oes arall, er fod
yr olwg ar ei gwyneb pan dda'th y newyddion bod
canser arni mor glir â fy nwylo o 'mla'n i heddi.

Tua diwedd 1998 y dechreuodd ei phoen. Ma hi'n
un sleit, hanner fy mhwyse'n gwmws (hyd heddi) ond
yn un fach galed sy'n anfodlon cwyno na chyfadde fod
gwendid arni. Ma Sian yn deip ceffylog sy'n derbyn
fod disgyn oddi ar geffyl (ddim yn amal, rhaid i fi
weud, ond ma'n digwydd) yn rhan o'r gamp, a bod
neidio 'nôl 'mla'n unwaith eto heb air o gwyno yn
naturiol. Gobeithio'ch bod chi'n deall: 'old school' o
ddynes.

Ond cafodd y poen 'ma i lawr gwaelod ei chorff,
druan. Yn ôl ei natur, ro'dd hi'n disgwyl i'r poen fynd
yn naturiol ac mai peth dros dro o'dd e. Ond nid
felly buodd pethe. Wedi misoedd o ddiodde, fe a'th

at ddoctor, ar ei phen ei hunan, gan weud wrtha i le o'dd hi wedi bod ar ôl iddi ddod 'nôl. Do'dd dim byd i weud beth o'dd arni pryd hynny. Ro'dd y poen yn dod i'r amlwg o bryd i'w gilydd, ac ro'dd ei ôl ar wyneb Sian. Ond wede hi ddim gair o rwgnach, yn yr un ffordd ag y gweles i Dad yn diodde'n dawel. Dim ishe bod yn ofid i'r bobol sy'n agos ati, dyna'i ffordd o feddwl. Cadw'n dawel a bwrw mla'n. Dewr, cadarn, ond ddim wastad yn agored i bobol roi cymorth amserol. Ro'dd y cysgod 'ma'n mynd dros wyneb Sian o bryd i'w gilydd; weles i weithiau ei bod hi'n ymladd yn erbyn ei chorff ac yn bwclo. 'Na ffordd y cysgod o'dd yn dod arni, yr un peth yn gwmws â 'nhad.

Ma'n beth od i weud fan hyn, falle, am y berthynas rhwng Dad a Sian, ond weles i erio'd ddau o'dd mor hapus yng nghwmni'i gilydd, er nad o'dd 'na ryw lawer o siarad rhyngddyn nhw chwaith. Bydde'r ddau'n ishte gyda'i gilydd yn darllen papur neu lyfr yn dawel bach. Rhwydd fydde ca'l yr argraff eu bod yn ddieithr i'w gilydd, ond do'n nhw ddim. Dim o gwbwl; a gweud y gwir, dw i'n teimlo fod y ddau'n debyg iawn. Ro'dd hynny'n wir yn y ffordd bydde'r ddau'n edrych lan o'u darllen wrth i fi gerdded fewn, gyda'r un olwg o 'Ie, be ti moyn?!'

A'th diodde Sian mla'n fel hyn am fisoedd, a hithe'n mynd at y doctor yn achlysurol. Yn diwedd, cafodd ei hanfon i Ysbyty Tywysoges Cymru, Pen-y-bont ar Ogwr un bore. A'r tro 'ma, fe ofynnodd Sian i fi fynd gyda hi. Ches i ddim mynd mewn gyda hi i weld y doctor, ond dyna pryd gwedwyd wrthi bod canser arni. Fel wedes i, wna i byth anghofio'r olwg ar ei gwyneb pan dda'th hi mas a dod yn syth tuag ata i yn gweud 'It's cancer!' Ei gwyneb yn welw a'i chorff fel petai hi ishe disgyn tuag ata i. 'It's cancer.' Ond, dyna ni, nawr ro'n ni'n gwbod beth o'dd y poen.

Wrth i amser dynnu at y mileniwm newydd, âi'r ddau ohonon ni lan i Ysbyty Felindre, ar gyrion Caerdydd, dridie'r wythnos am driniaeth *chemotherapy* a *radiotherapy*. Ro'dd y canser wedi mynd y tu hwnt i lawdriniaeth. Ro'dd rhaid ei drafod, neu ei ladd, yn y ffordd fwya modern, ond falle'r ffordd fwya poenus.

Do'dd yr hydref wnaeth arwain at y mileniwm ddim yn gyfnod le 'nes i sylwi ar y tywydd na fawr ddim arall rhyw lawer. Dw i'n cofio siarad â phobol a nhw'n gofyn yn naturiol 'Shwt ma'n mynd?' ac fel ydw i a Sian, ro'n ni'n ateb yn onest bob tro a rhoi'r manylion diweddara iddyn nhw. Dw i ddim yn siŵr os mai dyna'r ateb ro'n nhw'n disgwyl, ond o'n nhw wedi gofyn wedi'r cwbwl. Drwy'r trafod a'r holi 'ma da'th i'r amlwg fod gan bawb eu stori am ganser. Y bastard sy'n dod i boeni pawb fel tân yn y tŷ. Mewn ffordd dywyll, trodd y gallu i siarad â phobol yn gysur, boed yn gyfeillion neu'n ddieithriaid, am glefyd o'n nhw wedi ei ddiodde hefyd, a hynny p'un ai y trechwyd y clefyd neu beidio. Ro'dd siarad am y sefyllfa'n gymorth mawr.

Ond y peth pwysica dylen i sôn amdano, heb os, o'dd agwedd Sian. Ro'dd hi'n bositif o'r dechre. 'I'm going to beat this' o'dd ei hagwedd, fel ma fe heddi. Dw i'n cofio mynd i Felindre, Sian yn ca'l ei phigo gan y driniaeth *chemo*, ca'l ei gosod ar ei chefen am y driniaeth *radio*, dod adre i Dŷ Cariad a hithe mor dost fel ei bod hi'n ffaelu siarad, ond yn gorwedd fan hyn o fla'n y tân a'i phen ar fy nghôl, a'r cysgod trwm 'ma'n pwyso lawr ar y ddau ohonon ni. Dro ar ôl tro. Buodd ei hagwedd hi'n help mawr i fi, yn enwedig pan fydde'r cwestiynau'n codi. Dw i'n cofio meddwl a fydde hi'n mynd. Am ba bynnag reswm, do'dd e ddim y math o beth bydden i'n trafod 'da Dad, ond dw i'n cofio siarad 'da Mam a theimlo ei chysur hi, a Del, Lil, Daf a Trist; cofio meddwl a fydde Sian byw drwy'r peth.

Ond fe drechwyd y canser. A dw i'n cofio nawr – ar ddiwedd y cwbwl, yr uffern, wedi iddi ga'l y newyddion bod y tywyllwch wedi mynd a bod gwawr y gwellhad wedi cyrraedd – sefyll yn yr ardd gefen fan hyn, ym mreichiau'n gilydd yn edrych ar dân gwyllt Nos Galan 2000.

Ma Sian yn iach o hyd. Man hyn gyda fi. Falle wneith hi gwmpo oddi ar y ceffyl fory, ond dw i'n gwbod wneith hi neidio 'nôl mla'n. Fe fuodd hi'n ffodus iddo ga'l ei ddal mewn pryd a bod 'na bobol dda iawn yn Ysbyty Felindre, Caerdydd. Dyna pam, ers hynny, ma'r ddau ohonon ni wedi treial gwneud cymaint ag y gallwn ni i godi arian at yr ysbyty hwnnw neu ryw elusen ganser neu'i gilydd. Dyna pam hefyd, a ninne 'da'n gilydd ers deunaw mlynedd nawr, nad oes dim plant 'da ni. Ond falle fod ceffyle'n well – achos bo ni'n gallu cloi'r rheina mewn stabl gyda'r nos!

Rai blynydde wedi salwch Sian, fe drawyd Justin

Smith, gŵr Shân Cothi, gan ganser ac fe gymrodd y clefyd ei fywyd yn 2007 ac ynte'n 42 mlwydd oed. Ro'dd Shân a Justin wedi bod gyda'i gilydd ers blynydde maith ac fe briodon nhw rai wythnosau cyn i Justin farw. Do'dd gen i ddim bwriad yn y byd i briodi ond ro'dd gweld beth ddigwyddodd i Shân a Justin wedi gwneud i fi feddwl o ddifri. Ro'dd fy Sian i wedi ca'l canser ac er nad o'dd unrhyw arwydd ei fod wedi dod 'nôl, do'n i ddim ishe wynebu sefyllfa o briodi un dydd, falle, ac yna'r canser yn dod 'nôl a ninne'n mwynhau dim ond cwpwl o wythnosau o fywyd priodasol cyn fy mod yn ei cholli. Felly, fe ofynnes iddi fy mhriodi ac fe wedodd hi 'ie'.

Ar Fai y pedwerydd wnaethon ni briodi, bum mlynedd yn ôl. Nage, wir i chi, yn fy nychymyg i o'dd hi'n bedwerydd o Fai, am fy mod yn ysu gallu gweud ar ddiwrnod fy mhriodas 'May the fourth be with you!' Ond nid fel'na fuodd hi'n anffodus ac ar y degfed wnaethon ni briodi. Diolch byth i fi gofio hwnna'n iawn yn diwedd!

Ro'dd y ddau ohonon ni ishe priodi yn Eglwys Merthyr Mawr, yr ochr draw i'r afon i'r stable lle ma'r ceffyle 'da ni. Ac am ein bod yn rhan o'r sîn hela ac yn ffrindie 'da'r bobol hela a'r bobol ceffyle'n gyffredinol, y thema o'dd gwisgo yn ein dillad hela. Ar ben hynny, ro'dd y ddau ohonon ni i fynd i'r briodas ar geffyl yr un hefyd. Tan hynny, do'dd Sian erio'd wedi reido ceffyl mewn cyfrwy ochr a bu'n rhaid iddi dreial gwneud hynny'r diwrnod cyn y briodas er mwyn ymarfer. Fe a'th hi i'r eglwys, felly, ar gefen ceffyl mawr llwyd o'r enw Steele, a pherchen y ceffyl yna o'dd meistr helfa lawr yn Nyfnaint. Fe arweiniodd Sian o un cyfeiriad a finne a'r dynion eraill yn dod o'r cyfeiriad arall, cyfeiriad Porthcawl lle ro'n ni wedi bod yn ca'l diod fach cyn y seremoni. Fe a'th y diwrnod a'r gwasanaeth yn hyfryd. Am mai bythynnod to gwellt sydd ym mhentre Merthyr Mawr, ac am nad o'dd ceir gan neb yn y briodas, do'dd dim byd modern i'w weld yn yr un o'r lluniau o gwbwl. Do'dd dim ffotograffydd swyddogol ac fe roion ni gamerâu i bawb dynnu eu lluniau eu hunain. Ma'n rhaid edrych yn fanwl iawn ym mhob un o'r lluniau i weld unrhyw arwydd o fywyd yr unfed ganrif ar hugain. Bydde'n waith amhosib, bron, i unrhyw un ddyfalu ym mha gyfnod y cynhaliwyd y briodas. Draw â ni wedyn i *marquee* anferth yn y cae ar bwys y castell a'r rhan fwya o'r gwesteion yn gorfod cerdded ar draws y meini yn afon Ewenni i'w gyrraedd. Ar ben hynny, ro'dd yn ddiwrnod hyfryd, tawel, crasboeth. Perffaith.

Pan dda'th Sian a fi at ein gilydd felly, ro'dd Jess a fi'n gwahanu. Fe welodd Sian fi'n perfformio rhyw unwaith neu ddwywaith cyn y chwalu ond fuodd hi ddim yn rhan o Jess. Wrth ddechre perthynas newydd, ro'dd angen gweld beth allen i wneud gyda fy ngyrfa hefyd.

A dyna ganiad ffôn arall gan Lorenzo. Ro'dd yn fy annog i fynd 'nôl i'r Eidal ar fy mhen fy hun i dreial fy lwc fel cerddor solo. Do'dd dim rheswm i beidio treial ac felly bant â fi. Fe ddechreues wneud ambell gyngerdd mewn mannau digon di-nod o'dd yn cynnal nosweithiau acwstig. Cyn hir, da'th cyfle am gyngerdd dipyn yn fwy a finne wedyn yn agor i grŵp o'r enw Il Parto delle Nuvole Pesanti, grŵp o'dd yn dod o Catanzaro yn rhanbarth Calabria yn ne'r Eidal, reit ar sawdl yr esgid. Ro'n nhw wedi gwneud eu *soundcheck* nhw gynta ac wedyn es i mla'n i wneud fy un i, tra bod y drwmwr yn rhoi ei bethe fe gadw. Fe ddechreues ware ac fe ddalodd hwnna ei glust e. Fe gydiodd yn yr hyn ro'n i wrthi'n ware ac ymuno â fi'n dawel bach. Fe glywodd Lorenzo hyn ac awgrymu'n syth y dylen ni'n dau ddod at ein gilydd yn fwy ffurfiol.

Felly buodd hi ac, yn diwedd, ro'dd Mimmo Mellace a fi yn perfformio 'da'n gilydd am gwpwl o flynydde siŵr o fod. Fe addasodd ei offer ar gyfer sefyllfaoedd tamed bach yn llai a mwy acwstig eu naws. Ro'dd y tom-tom ar y llawr, er enghraifft, a bydde fe'n ei daro gyda'i droed. Ar ben hyn, ro'dd ganddo ddrymiau mawr o'r Dwyrain Pell a lot o offerynnau amrywiol eraill o Ogledd Affrica. Ro'dd marimba ganddo a kalimba hefyd. Ro'dd yn gallu cyfrannu sŵn y drymio ond, yn ogystal â hynny, ro'dd yn cynhyrchu cerddoriaeth â mwy o alaw iddi dros ben y sŵn hynny. Am ei fod o dde'r Eidal ro'dd dylanwad mawr Gogledd Affrica ar ei gerddoriaeth a'i ysbryd cerddorol yn ogystal â'r offerynnau ro'dd wedi eu casglu. Ro'dd arlliw o ddylanwad dwyrain ardal Môr y Canoldir yn gymysg yn y cwbwl hefyd. Ro'dd sŵn poeth ganddo o'dd yn dod ag elfen egsotig i'r hyn ro'n i'n gallu ei gynnig. Gan ei fod yn aelod amlwg o fand blaenllaw, ro'dd hwnna hefyd, wrth gwrs, yn ychwanegu at y dilyniant o'dd i ni'n dau.

Ymhen tipyn, fe dda'th Roberto Celli aton ni, gan gynnig offeryn tra gwahanol eto – y *vibraphone*. Yn sydyn reit ro'dd elfen o jazz yn rhan o'r cymysgwch nawr, gan greu sŵn gwahanol eto. Do'dd e ddim yn jazz pur, ond dyna o'dd y blas a dda'th trwy Roberto. Ro'dd y sŵn o'dd y tri ohonon ni nawr yn ei greu yn anodd iawn i'w ddisgrifio ond ro'dd galw amdano.

Ro'n i'n perfformio dan fy enw cynta, Brychan. Dyna'r enw ar y posteri ac ati. Dyna ddelwedd a brand y grŵp. Ar lafar, o ddydd i ddydd, ro'dd pawb yn fy ngalw'n Brikano. Ro'dd ganddyn nhw ryw ffordd fach ddigon bachog o gofio'r enw hefyd: 'Brikano, Brikano, uomo di Meccano' o'dd y llafarganu – 'Brikano, Brikano, y dyn Meccano!'

Yn bendant, allai'r sŵn a'r dylanwadau ddim bod yn fwy gwahanol na'r hyn o'dd yn wir am waith Jess. Ond ro'dd un peth yn gyffredin am y ddwy sefyllfa gerddorol falle. Yn yr un ffordd ag o'dd boi y cwmni recordio yn ei cha'l yn amhosib penderfynu ym mha *genre* ro'dd Jess, ac felly ddim yn gallu rhoi cytundeb recordio i ni, do'dd hi ddim yn bosib rhoi ein gwaith ni yn yr Eidal mewn blwch bach teidi chwaith. Fel'na ma hi wedi bod erio'd 'da fi.

Da'th pedwerydd aelod wedyn, Gabriele Tommasini, ar y gitâr fas ac yn hwyrach wedyn da'th Anthony Sebastianelli, gitarydd arall. Ro'dd y ddau yna o Rimini yng ngogledd-ddwyrain y wlad. Ro'dd Mimmo yn byw yn Bologna a finne'n aros yn ardal

Emilia-Romagna mewn dinas o'r enw Reggio Emilia. Ro'dd pob un ohonon ni, felly, yn byw yn weddol agos i'n gilydd. O leia ro'n ni yn yr un rhan o'r Eidal! Ro'dd digon o gyfle i berfformio.

Pleser llwyr o'dd ca'l dod i nabod gwlad trwy ei brodorion. Nid twrist o'n i o gwbwl. Fe ddes i fod yn rhan o'u bywyd bob dydd nhw, fe ddechreues ddysgu'r iaith. Fues i byth yn byw 'na chwaith. Ro'dd Sian a fi yn dal i fyw yn Nhŷ Cariad trwy'r holl gyfnod ro'n i yn yr Eidal – o'r dechre i'r diwedd, cyfnod o ddeng mlynedd go dda. Ma'n bosib y dylen ni fod wedi symud mas 'na a gweud y gwir, y ddau ohonon ni. Bydde fe wedi bod dipyn yn haws o ran arbed yr holl deithio 'nôl a mla'n 'nes i. Y patrwm arferol o'dd y bydden i mas 'na am gyfnod. Ma'n siŵr mai rhyw fis ar y tro fydde'r cyfnod hira a rhyw benwythnos hir fydde'r byrra. 'Nôl adre wedyn am wythnos neu ddwy, falle mis, cyn ei throi hi'n ôl am yr Eidal. Bydden i'n cyfansoddi'r caneuon, yn eu recordio gyda Mimmo a Roberto, yn ymarfer, wrth gwrs, ac yn teithio. Felly ro'dd gofyn bod mas 'na lot fawr.

Yn ardal Emilia-Romagna y dechreuodd pethe gydio, wedyn wrth i'r unigolion eraill ddod ata i ro'dd drysau eu hardaloedd nhw'n agor hefyd a chylch yr apêl yn ymestyn. Mwy o drafaelu wedyn, wrth gwrs, ond tra bod y cynigion yn dod ro'dd yn rhaid eu derbyn. Erbyn y diwedd, ro'n ni'n teithio lan a lawr ar hyd yr Eidal dro ar ôl tro. Ro'dd y galw drwy'r wlad i gyd – peth arbennig, wrth gwrs, ac i'w groesawu. Wrth i'r sefyllfa hon ddatblygu ro'dd yn bleser ca'l Sian i ddod mas ata i o bryd i'w gilydd. Yn amal fe dda'th Sally Payne gyda hi, cymeriad o ferch o Aberteifi â llais hyfryd ganddi. Ma Sally'n ferch croen tywyll ac yn amal pan fydde ni mewn tafarn 'nôl gartre yn ardal Aberteifi bydde gang o fois lleol yn troi wrth ei gweld yn dod mewn a gweud 'Jiw, bois, drychwch! Ma blaces yn dod miwn!' A bydde Sally'n ateb yn syth, yn Gymraeg, 'Odw, dw i yn ddu ond ydw i!'

Ro'dd y tri ohonon ni – Sian, Sally a fi – yn cynnal ambell nosweth ein hunain o bryd i'w gilydd. Dw i'n cofio cyngerdd yn Abbadia di San Salvatore yn Toscana. Ro'dd y cyngerdd yn ca'l ei ddarlledu'n fyw ar y rhaglen deledu boblogaidd *Red Ronnie*. Do'dd yr un o'r ddwy arall wedi gwneud teledu byw erio'd o'r bla'n ac ro'n nhw'n gwneud hynny am y tro cynta mewn gwlad estron a dim ond tri ohonon ni ar y llwyfan! Ro'dd yn fwy perthnasol fyth i Sian a fi, gan fod ei chyn-ŵr wedi gweud wrthi droeon nad o'dd hi'n gallu canu o gwbwl ac yn ei cheryddu am ganu o gwmpas y tŷ. Fe wnaeth y cyngerdd hwn chwalu'r ffordd 'na o feddwl yn racs. Ro'dd ca'l cyfle i rannu'r profiad gyda Sian yn beth melys iawn.

Yn Verona wedyn, ro'dd 'na gyngerdd wedi ei drefnu ar y *piazza* a phan dda'th y diwrnod ro'dd hi'n dwym, dwym. Arwyddocâd yr achlysur yma o'dd mai dyma'r tro cynta i deulu'r Hendre ddod mas ata i i'r Eidal am drip: Mam a 'mrodyr a fy chwiorydd. Tra o'dd y cynlluniau ar gyfer eu hymweliad ar y gweill, ro'dd Gabriele wedi trefnu hefyd bod un o'i ffrindie fe, Randy Burnson, yn dod draw o'r Unol Daleithiau. Wrth i'r diwrnod agosáu, ro'dd Gabriele yn ychwanegu mwy a mwy o fanylion am ymweliad ei ffrind, gan gynnwys sôn un diwrnod ei fod yn dod â gitâr draw gydag e. Ar ddiwrnod y cyngerdd, fe dda'th y cais ro'n i wedi amau fydde'n dod, yr un o'dd yn gofyn a fydde ots 'da fi bod Randy yn ware gyda ni'r noson honno.

Wedodd Gabriele y bydde fe'n ware'r gitâr heb yngan yr un gair, dim ond symud ei ben lan a lawr. Ro'n i'n fwy nerfus yn cytuno iddo ga'l ymuno â ni am fod fy nheulu i gyd wedi dod mas 'na. Do'n i ddim ishe i ddim byd ddifetha'r noson. Ond ar ôl sawl 'It will be fine, Brychano!' fe 'nes i gytuno. Fe gawson ni, y grŵp arferol, *soundcheck*, ac wedyn fe alwyd Randy mla'n i ymuno â ni i dreial pethe mas. Ro'n i wedi cwrdda fe'n gynharach y diwrnod hwnnw ond dyma'r cyfle cynta i'w glywed. 'What can you play?' gofynnes i. 'You just play on!' medde fe 'nôl, gydag acen lusg taleithiau'r De. Bant â ni 'te a chyn pen dim ro'dd y nodau cynta'n dod mas o gitâr Randy. Trodd Mimmo a fi i edrych ar ein gilydd yn syth mewn syndod. Ro'dd y boi yn anhygoel! Do'dd e erio'd wedi clywed y caneuon o'r bla'n, do'dd dim cyfle i ymarfer, ond ro'dd yr hyn gyfrannodd e i'r caneuon yn arbennig. Ma recordiad o'r noson honno gyda fi o hyd ac mewn un man ma 'na gyfle i Randy ware rhan offerynnol weddol dawel. Yn y cefndir, ma modd clywed Mimmo'n gollwng rhyw ochenaid bleserus mewn ymateb i ddawn Randy.

Petawn i wedi gallu dewis cyngerdd i'r teulu ddod i fy ngweld ar lwyfan, hwnna fydde fe heb os. Ro'dd y *piazza* yn Verona yn llawn a rhyw fil o bobol yna, yn ishte ac yn sefyll yn ddigon anffurfiol ac yn mwynhau eu hunain, o'r fam-gu i'r plant o'dd yn ishte o gwmpas y monitors ac wrth fy nhra'd, gan nad o'dd y llwyfan yn uchel iawn; ro'dd hi'n noson hyfryd, y gerddoriaeth yn arbennig a chyfraniad cwbwl annisgwyl Randy yn rhoi sglein ar yr holl beth.

Yn agos i Verona, ma Caldiero, rhyw hanner can milltir i'r gorllewin o Venezia. Ma 'na faddonau Rhufeinig hyfryd i'w gweld yna. Ma dŵr cynnes, cynnes yn codi lan o'r ddaear i'r baddonau 'ma. Ma un pwll mawr siâp cylch a phyllau amrywiol o'i gwmpas. Pleser o'dd ca'l rhannu'r daith i'r baddonau 'ma gyda'r teulu.

Dro arall, da'th Delyth fy chwaer mas ata i. Ro'dd Sian mas 'da fi'n barod ac fe benderfynon ni ga'l rhyw wyliau bach 'da'n gilydd. Draw â ni i ynys Sardinia, felly, y tri ohonon ni. Un dydd dyma ni'n mynd i'r traeth. Wedi cyrraedd, bant â fi i snorclan, gan fy mod wedi prynu offer newydd ar gyfer yr achlysur. Ro'dd hwnna'n rhywbeth y bydden i'n gwneud lot 'nôl yn ardal Aberteifi a braf o'dd ca'l cyfle i wneud hynny yn y môr oddi ar yr Eidal. 'Nes i fwynhau'n fawr ac, yn diwedd, ro'n i mas yn y môr am rhyw bedair neu bump awr. Hyfryd! Wel, i fi o leia. Nid dyna farn Sian a Delyth, o'dd wedi aros ar y traeth am yr un cyfnod yn becso eu heneidiau le o'n i, gan nad o'dd modd gweld yr un pip ohona i am yr holl amser hynny. Ro'n nhw'n gwbwl argyhoeddedig bod rhywbeth wedi digwydd i fi. A phan gerddes i 'nôl tuag atyn nhw yn wên o glust i glust ac wedi mwynhau mas draw, do'dd 'na ddim croeso rhy gynnes i fi. Ges i row am fod yn hunanol! Da'th cwmwl du dros fy niwrnod delfrydol!

Da'th Chris ac Owen o Jess mas i ware yn y band 'da fi hefyd mewn cyngerdd yn Firenze. Ro'dd hwnna eto'n ddigon derbyniol. Yr hyn dw i'n cofio am y noson, heblaw am ga'l rhannu llwyfan 'da nhw eto, o'dd i ni werthu lot fawr o'n casetiau ni, mwy nag arfer am ryw reswm.

O'dd, ro'dd y ffordd Eidalaidd o fyw yn ddigon derbyniol i fi ac ro'n i'n teimlo'n gwbwl gartrefol mas 'na, yn enwedig yn y Canolbarth a'r De. Ma nhw'n llawer mwy Ewropeaidd yn y Gogledd ond y mwya ewch chi i'r de, ma nhw'n fwyfwy Eidalaidd. Reit lawr yn y De, felly, yw fy hoff fan yn yr Eidal. Odi, ma hi tamed bach yn fwy rwff lawr yna, o ran adeiladau yn fwy na phobol. Ma'n dlotach na mannau eraill o'r wlad. Ond ro'dd pawb, ymhob rhan o'r Eidal, yn hoffus, yn garedig ac yn gymwynasgar.

Lawr yn y De, ma 'na lot fwy o gred mewn ofergoeliaeth ac ati. Fe ddysges ddywediad a glywid yn gyson ar lafar lawr 'na, 'Occhio, malocchio, prezzemelo e finocchio.' Rhyw ddywediad i gadw ysbrydion drwg i ffwrdd, am wn i.

Ar noson y cyngerdd yn Catanzaro, ro'dd dwy fenyw wrth law yn defnyddio'r cardiau arbennig 'ma. Nid dim ond cardiau tarot, ond lot o gardiau gwahanol, dieithr i fi. Ro'n nhw'n ddigon neis i Sian a fi a bois y band ac ro'dd ffrind i fi, Mick, mas 'da ni hefyd. Ond ro'dd yn amlwg fod 'na rywfaint o naws y pwerau duon yn perthyn i'r menywod 'ma. Ar ein noson ddiwetha ni yna fe sylweddolon ni bod carden wedi ca'l ei gwthio dan ddrws stafell wely Sian a fi. Fe gododd Sian hi lan o'r llawr a medde Mick yn syth 'You shouldn't have done that!' Ro'dd yn syndod i'w glywed yn gweud hynny am ei fod yn foi digon tra'd ar y ddaear a heb roi unrhyw awgrym i fi yn yr holl flynydde ro'n i wedi ei nabod fod ganddo unrhyw wybodaeth o'r pethe 'ma. Fe a'th yn ei flaen i weud, gan fod Sian wedi codi'r garden, na ddyle hi byth, byth ei thaflu tra'i bod hi byw. Ma'r garden 'na 'da Sian yn ei phwrs hyd heddi, y *seven of diamonds*.

Wrth deithio ar hyd a lled yr Eidal am ddeng mlynedd, fe ddes i nabod y bobol, yr ardaloedd, y bwydydd a'r gwinoedd gwahanol yn eitha da. Arian yw'r peth mwya sydd ar feddwl pobol gogledd y wlad am ei bod mor ddrud i fyw lan 'na. Nes lawr, mewn mannau fel Rimini, ma nhw'n lico troi mas yn neis. Ma lot o glybiau nos yn yr ardal, rhai o'r safon a'r steil rydyn ni'n eu cysylltu gyda'r Eidalwyr. Nid yn y dinasoedd mawr fel Milano ma'r steil 'na i'w weld. O Rimini mewn at y mynyddoedd ma 'na ddewis anhygoel o fwydydd arbennig. Ro'n i'n treial aros gyda theuluoedd Eidalaidd ble bynnag o'dd hynny'n bosib a bydde nhw wedyn yn mynd â fi i'r mannau le o'n nhw'n mynd mas i fwyta neu i hamddena.

Ar un o'r achlysuron pan o'dd Sian mas 'na 'da fi, a Sally hefyd, fe aethon ni'n tri, ynghyd â Lorenzo, i Pompeii. Rhyfeddu 'nes i fan'na, heb os. Rhyfeddu at ddyfeisgarwch a chlyfrwch y Rhufeiniaid o'dd wedi creu'r fath le ddwy fil o flynydde ynghynt. Ro'dd system bibau dŵr 'na, ro'dd tapiau, lluniau ar y welydd a sawl nodwedd arall o'n bywydau bob dydd heddi. Ro'dd yn rhaid gofyn y cwestiwn, diawch, ai camu 'nôl y'n ni wedi gwneud ers hynny ac nid camu mla'n fel y'n ni i gyd yn meddwl i ni wneud?

Rhaid sôn am Rufain, am na wna i fyth anghofio'r tro cynta i fi ymweld â'r ddinas egsotig, hanesyddol hon. Mis Ebrill o'dd hi. Da'th un peth yn amlwg yn syth. Ma nhw'n gweud mai'r mwya ewch chi i'r de yn yr Eidal, y tywylla ma'r merched yn mynd. 'Meridionale' ma nhw'n galw fe. Ond yn fwy na hynny, ro'n i wedi mynd yng nghwmni Eidalwyr unwaith eto. Ro'dd Sylvia, chwaer Mimmo, yn byw yna. Ma hi, druan, wedi'n gadael ni erbyn hyn, gan i'r canser erchyll 'ma ei cha'l hi. Ond ar y pryd ro'dd hi'n byw reit drws nesa i'r Colosseo a dyna le o'n i'n aros. Ro'dd ganddi waith hynod ddiddorol hefyd. Ro'dd yn archaeolegydd i system Metro'r ddinas. Ma wastad galw i ymestyn y system Metro mewn dinas a phan ro'n nhw'n gwneud hynny yn Rhufain, go brin eu bod nhw'n gallu symud mla'n fetr heb ddod ar draws rhyw olion hanesyddol, p'un ai bod rheina'n esgyrn neu'n ddarnau llestri, yn frics o adeiladau pwysig neu'n emwaith ac ati. Pryd bynnag ro'n nhw'n dod ar draws y pethe fel hyn ro'dd yn rhaid galw eu harchaeolegwyr nhw eu hunain i weld beth o'dd yn y pridd a do'n nhw ddim yn gallu ailddechre eu gwaith cyn ca'l yr ocê gan yr archaeolegydd. Prin iawn, iawn y bydde rhwydd hynt i'r peirianwyr a'r adeiladwyr gloddio twnnel hyd yn oed heb orfod stopio.

Pan fydde amser 'da Sylvia wedyn bydde hi'n mynd â fi rownd y ddinas i weld yr holl hanes o'dd yn rhan o fywyd bob dydd dinas Ewropeaidd fodern. Na, nid Ffynnon Trevi a'r Spanish Steps ac ati, ond golwg o'r Rhufain ddirgel o'dd y tu ôl i ryw siop fan hyn, neu o dan ryw bont fan 'co. Ro'dd yn wefr, heb os. Ro'dd yn deimlad breintiedig hefyd. Oni bai fy mod yn ware mewn band gyda'i brawd, chethen i ddim y fath fraint â hynny. Ro'dd lle i fod yn ddiolchgar.

Ro'dd cyngerdd 'da fi yng nghlwb nos Big Mama yn Rhufain ar yr un noson ag o'dd Cymru'n ware'r Eidal mas 'na ym Mhencampwriaeth y Chwe Gwlad. Wrth eu croesawu nhw i'r gystadleuaeth, trodd cystadleuaeth rhwng pum gwlad yn chwech, wrth gwrs. Am noson wych i ga'l cyngerdd yn yr Eidal! Rhaid o'dd rhoi llwyth o bosteri lan yng Nghaerdydd, 'te, er mwyn rhoi gwbod i'r Cymry bod ishe iddyn nhw ddod i'r cyngerdd i brofi noson Gymreig hwyliog yn Rhufain.

Erbyn y noson, ro'dd rhyw griw teidi o tua deugain o Gymry wedi dod i'r gig, Morgan Hopkins a Ffion Gwallt yn eu plith. Ac ro'dd llwyth o Eidalwyr yna, wrth gwrs. Enillodd Cymru'r gêm yn weddol rwydd a do'dd yr Eidalwyr ddim yn disgwyl gwell a gweud y gwir. Do'dd rygbi ddim yn gêm mor fawr â hynny yn Rhufain ei hunan beth bynnag – yn y Gogledd-ddwyrain ma cadarnle'r gêm yn y wlad. A'th y gig yn arbennig o dda, yn ddigon hwyliog, a diolch byth fe dda'th y cais am *encore*! Rhyw ddwy gân ychwanegol wedyn cyn ca'l cais am *encore* arall! Un peth o'dd amdani – troi at y Cymry yn y gynulleidfa i fy helpu. O'r llwyfan, 'ma fi'n gofyn i'r deugain ganu 'Calon Lân' gyda fi. Cafodd yr Eidalwyr, pob copa walltog

ohonyn nhw, eu syfrdanu'n llwyr gan angerdd y
canu, yr harmonïau amrywiol, a'r holl beth yn amlwg
yn fwynhad llwyr iddyn nhw. Bu'n rhaid i ni ganu
'Calon Lân' yr ail waith iddyn nhw. Ces i fy holi gan
sawl un ar ôl y cyngerdd, 'How long have you been
rehearsing with them?' 'Are they a choir you brought
over from Wales?' a chwestiynau tebyg drwy'r nos.
Wel, grŵp o ffans rygbi wedi meddwi o'n nhw mewn
gwirionedd, ond fel 'nes i esbonio i'r Eidalwyr lu a
fu'n holi, rydyn ni i gyd yn rhan o draddodiad hir a
chyfoethog o ganu corawl, cynulleidfaol ac ma canu
yn y gwa'd.

Un peth o'dd yn weddol gyffredin drwy'r wlad
i gyd o'dd y diddordeb yn y Gymraeg. Bydden i
wastad yn cynnwys caneuon Cymraeg yn fy set, ble
bynnag ethen i, a bydde diddordeb mawr yn yr iaith
estron 'ma ro'dd yr Eidalwyr yn ei chlywed. Ro'dd
hynny'n arbennig o wir yn Sardinia. Er eu bod yn
ystyried eu hunain yn Eidalwyr go iawn, ro'n nhw'n
meddwl amdanyn nhw eu hunain fel pobol wahanol
i'r Eidalwyr. Ro'dd 'na hunaniaeth gref ganddyn
nhw fel Sardiniaid hefyd. Ar dir mawr yr Eidal,
ro'dd tafodieithoedd ac acenion amrywiol iawn i'w
clywed. Rhaid cofio mai dim ond yn 1861 yr unodd
holl ranbarthau gwahanol y wlad i ffurfio'r Eidal
ry'n ni yn ei nabod heddi. Felly, ma amrywiaethau
rhanbarthol cryf o hyd. Ma'r Eidaleg yn closio'n
ddigon naturiol at agweddau o'r Gymraeg, yn fwy
na ma'r Saesneg, yn bendant, ac ar ôl rhai misoedd
o glywed yr iaith ro'n i'n meddwl fy mod yn deall
ambell air a dyma fi'n rhoi cynnig ar ei siarad a

gweld fy mod yn gallu siarad rhywfaint wedi'r cwbwl. Weden i ddim 'mod i'n rhugl yn yr iaith, ond dw i'n llwyddo i fyw a bod yn yr Eidal yn eu hiaith nhw.

Fues i fawr ddim yn Napoli. Dinas rwff, frwnt sy'n gallu bod yn beryglus, er bod ganddi ryw apêl mewn mannau hefyd. Wedi'r unig gyngerdd i fi wneud yna, ces sgwrs weddol hir gyda merch â gwallt gole. Wedi peth amser, fe drodd ata i a gweud 'Gwranda, do's dim ishe i ti ddefnyddio dy Eidaleg, dw i'n siarad Cymraeg!' 'Na beth o'dd syrpréis! Wedi sgwrsio pellach, da'th yn amlwg ei bod o'r ardal i'r gogledd i Aberystwyth. 'Diawl,' medde fi, 'o fan'na ma teulu Dad yn dod.' Fe gadwon ni mewn cysylltiad wedi i fi ddod 'nôl o'r Eidal ac erbyn edrych mewn i bethe'n fwy manwl da'th hi'n amlwg ein bod yn perthyn o bell!

Ar un o'r teithiau 'na 'nôl o'r Eidal, ro'dd rhywbeth yn troi ac yn troi yn fy meddwl. Ar brydiau, ro'dd e'n cnoi hefyd. Dim syndod falle ei fod yn ymwneud â'r Hendre. Ro'n i'n awyddus iawn i ddangos i fy nhad fy mod am gymryd rhyw fath o gyfrifoldeb dros ran o fusnes y ffarm. Ro'dd yn pwyso arna i nad o'dd gen i gyfraniad, yn codi falle o ryw deimlad y dylen i wneud yn iawn, mewn rhyw ffordd fach, am beidio â chymryd at ffarmo go iawn. Ro'n i'n ddigon realistig i wbod na fydde modd i fi fuddsoddi mewn cynllun mwy amaethyddol ei natur ond yn gwbod y bydde posibilrwydd, falle, i feddwl am gynllun fydde'n golygu arallgyfeirio, a hynny yn ei dro yn cyfrannu at fywyd yr Hendre.

Da'th cyfle i ystyried gwneud rhywbeth ynglŷn â'r poendod arbennig yma ac fe dda'th o ganlyniad i ddamwain motobeic. Ro'dd yn ddiwrnod braf heb law na chwmwl a Sian a fi'n mynd mas ar ddau feic o Gefn Cribwr lan i Aberhonddu a 'nôl. Sian ar Yamaha Virago 535 lliw hufen, finne ar yr un model ond lliw du. Dau V-twin o'n nhw ac un Sian yn un o'r Viragos cynta, o'dd yn dipyn o glasur ac yn denu sylw. Trueni i'r beic ga'l ei ddwyn oddi wrthon ni ar ddiwrnod pan o'n ni mewn angladd yn claddu cyfaill. Beth bynnag, dyma ni'n dau'n dod 'nôl o gyfeiriad Aberhonddu dros y Bwlch a dod i bentre Melin Ifan Ddu, bedair milltir i'r gogledd o Ben-y-bont lle ma cyffordd brysur yn mynd i gyfeiriad Gilfach Goch a'r Rhondda. 'Na le ma'r dafarn lle dw i'n mynd i gyfarfodydd helfa Llangeinor.

Ro'dd y beicie 'ma'n ddeniadol dros ben, llawer o *crome* arian sgleiniog ond heb ormodedd o bŵer na gyts. Erbyn i ni ddod i Felin Ifan Ddu, fi o'dd y beic bla'n mas o chwech, Sian tu ôl i fi, pob un ohonon ni â gole mla'n fel bod gyrwyr ceir yn ein gweld. Helmed pen agored o'dd amdana i a sbectol haul – dyna'r math o beth y'ch chi'n gwisgo ar Virago. Yn sydyn, dyma gar yn tynnu mas reit o 'mla'n i. Gwasges yn dynn ar y brêcs, gan edrych ar y ferch ifanc o'dd yn gyrru ar yr un pryd a rhegi arni'n ddigon plaen. Dw i'n cofio'r olwg ofnus o'dd ar ei gwyneb wrth iddi ddechre troi lan am y gogledd. Fe welon ni Audi o'dd yn dod o Ben-y-bont. Ro'dd y gŵr wrth olwyn yr Audi wedi dod i'r gyffordd ac annog y ferch i ddod mas. Ro'dd ei sylw arni hi a do'dd e heb weld y chwe beic modur yn dod lawr o'r gogledd.

A'th olwyn fla'n fy Virago i mewn i aden fla'n yr Audi, uwchben yr olwyn fla'n. Wrth i mi fynd drwy wydr bla'n fy meic 'nes i sylwi fod y *speedo* ar dri deg milltir yr awr. 'Dyle hyn byth ddigwydd i fi fel beiciwr gofalus ar y fath gyflymdra' o'dd y peth a'th drwy fy mhen wrth i fi ddechre hedfan oddi ar fy meic tuag at y car ro'n i wedi ei daro. Wedyn, y peth nesa dw i'n cofio gweld o'dd adlewyrchiad fy ngwyneb fy hunan ar wydr bla'n yr Audi, yn mynd yn fwy ac yn fwy. Ac yna gweles wyneb y gyrrwr – dyn ifanc, yn llawn arswyd. Mewn llai na milfed rhan o eiliad ro'dd gwydr ei gar e yn ca'l ei falu gan fy mhen, neu'n hytrach gan yr helmed, diolch byth.

'Nes i ddisgyn fel carreg ar y ffordd, ac yna fe gwmpodd y beic, fodfedd neu ddwy yn unig bant o le o'dd fy nhra'd. Ac yn y fath bicil, yr hyn a'th trwy fy meddwl o'dd yr amser hir ro'n i wedi ei wario yn sgleinio tomen o sgrap. Da'th gwynt petrol yn amlwg cyn pen dim ac ofn ffrwydriad nawr yn real iawn. Codes ar fy nhra'd, yn llawn natur ac ishe curo gyrrwr yr Audi. Ond wrth droi i'w wynebu, fe weles ei fod yn gafael yn ei frest ac wedi ca'l ofn aruthrol. Do'dd e ddim wedi gweld yr un ohonon ni, gan ei fod yn annog modur arall i ddod mas o gyffordd! (Cofiwch un peth o'r stori yma, os gwelwch yn dda. Edrychwch mas am feicie modur a phobol ar geffyle. Achos ma'n debyg mai pobol fel fi fydd rheini!)

Collodd Sian ei brawd yn ddeunaw oed mewn

damwain beic modur. A'r diwrnod hwnnw, hi o'dd reit y tu ôl i fi yn gweld y cwbwl yn digwydd. Wedi i fi weld gyrrwr yr Audi, fe 'nes i droi i weld Sian a sylwi ar yr olwg ryfedda ar ei gwyneb hi – golwg tra gwahanol i'r profiad ro'n i newydd ei ga'l wrth hedfan oddi ar y beic. Ro'dd yn debycach i edrych ar adlewyrchiad o angau ei hunan. Bues i'n ffodus iawn i gerdded bant o'r ergyd heb unrhyw fath o ddolur ar y pryd. Ond do'dd dim un ffordd yn y byd y gallai Sian yrru ei beic hi 'nôl adre. Felly, fi yrrodd 'nôl ar y Virago hufen a Sian yn ishte y tu ôl i fi yn gafael mor dynn ag y gallai.

Dridie wedi'r ddamwain, da'th y poen i fi! Poen dychrynllyd wrth i'r systeme mewnol o'dd wedi cadw fynd ers y ddamwain ddechre grwgnach a gwingo. Bues yn anesmwyth am rai dyddie wedi hynny. Ond o'n i'n lwcus iawn fy mod yn fyw i deimlo'r poen! Ces anafiadau difrifol a gweud y gwir ac fe gymrodd sbel i wella. Ond pan o'n i'n hedfan at ffenest fla'n y car do'n i ddim yn meddwl y bydde 'na unrhyw wella. Teimlad pendant o 'dyma'r diwedd' o'dd yn mynd trwy fy meddwl. Diolch i'r drefn, gwella 'nes i, a gan nad fy mai i o'dd y cwbwl, enillwyd y frwydr am iawndal hefyd. Ro'dd hynny'n rhywfaint o gysur a drodd i fod yn fendith annisgwyl.

Wedi setlo'r busnes insiwrans, fe dda'th taliad iawndal a, gyda hwnnw, cyfle i feddwl am le allen i fuddsoddi fe neu, ddylen i weud, siwd gallen i fuddsoddi fe yn yr Hendre. Da'th cyfle am sgwrs gydag Adele, y fenyw o'r cwmni wnaeth bron roi cytundeb recordio i ni ac sy'n dal yn ffrind i fi. Fe rannes i'r stori 'da hi a gofyn os o'dd ganddi syniad siwd allen i fuddsoddi'r arian. Ateb byr, syml o'dd ganddi: 'Oh, do something with teepees and get a marriage licence!' Wel, 'na siom! Ffrind ro'dd gen i barch mawr tuag ati yn dod lan â rhyw ateb gwan, twp fel'na! Ro'n i'n disgwyl gwell, ma'n rhaid gweud. Ond, wedi gweud hynny, do'dd gen i ddim gwell syniad fy hunan. Felly, ei syniad hi wnaeth droi rownd yn fy mhen am rhyw dridie wedi'r awgrym. Yn diwedd, des i dderbyn fod y syniad tipis yn werth ei ystyried o ddifri ac fe ddechreues wneud tamed bach o waith ymchwil i weld pa mor ymarferol fydde fe i ddechre'r fath fusnes. Ro'dd hyn yn cynnwys siarad 'da Dad am y peth, wrth gwrs. Ei ffarm e o'dd yr Hendre. Digon amheus o'dd Dad ynglŷn â'r holl beth a gweud y gwir, a dw i ddim yn beio fe. Ond ddes i ddim ar draws unrhyw beth yn yr ymchwil o'dd wedi profi'n rhwystr na allen i ddod drosto, felly mla'n â fi i wbod mwy.

Da'th syniad arall yr un pryd. Beth petai gan S4C ddiddordeb mewn gwneud cyfres yn dilyn hynt a helynt rhywun yn treial creu prosiect arallgyfeirio ar hen ffarm draddodiadol trwy godi tipis yng nghefen gwlad Cymru? Ro'dd yn syniad da, ma'n amlwg, am iddo ga'l ei dderbyn gan S4C ac fe ges gomisiwn, a hynny'n golygu wedyn bod arian 'da fi nawr i roi mewn i'r busnes, ar ben yr iawndal wedi'r ddamwain.

Ro'dd darn o dir ar ben pella clos y ffarm, darn gwastraff o ddaear le o'dd pethe'n ca'l eu taflu. Bydde angen ei glirio cyn gallu ei osod ar gyfer tipis a hefyd bydde'n rhaid gofyn caniatâd cynllunio i newid ei ddefnydd. Fe dda'th hwnnw, a bant â ni wedyn i glirio'r tir o'r trash a'r peiriannau amrywiol o'dd wedi eu gwasgaru ar ei hyd. Cynwyd tân mawr ar y cae y nosweth honno wedyn. Ychydig iawn o glirio fel'na ro'n ni'n gwneud mewn gwirionedd. Ma ymylon ffarm yn bodoli er mwyn cadw hen beiriannau yna, a digwyddiad prin yw eu clirio. Wedi i ni wneud hynny, trodd Dad ata i gan weud mewn ychydig eiriau yn ôl ei arfer, 'Wel, 'na ni 'te. Wedi symud scrap o un man i'r llall.' Gwastatawyd y lle ar ôl ei glirio ac ro'dd yn barod ar gyfer y tipis.

Gan 'mod i'n trafaelu lot trwy Gymru am wahanol resymau, ro'n i wedi sylwi ar ambell dipi yn ardal Corris. Ro'dd un mawr wrth ymyl yr orsaf ym Machynlleth hefyd a dyma fi'n stopio un dydd i ga'l gweld y tipi yma. Yn un peth, do'dd 'da fi ddim syniad le o'dd ca'l gafael ar tipis yn y lle cynta. Mewn â fi at y boi tu ôl i'r cownter a gofyn iddo siwd o'dd mynd ati i ddechre sefydlu busnes tipis. 'Do's dim syniad 'da fi,' o'dd ei ateb calonogol yn ei acen Albanaidd. Dw i wedi dod yn ffrindie 'da Bob Sharples ers hynny, er gwaetha'r diffyg gwybodaeth y tro cynta gwrddon ni! Fe 'nes i damed bach o waith ymchwil i weld os o'dd hi'n bosib dod â tipis go iawn draw o'r Unol Daleithiau, rhai wedi eu gwneud o grwyn. Ond da'th yn ddigon amlwg yn gynnar iawn na fydde'r pebyll hynny'n ymarferol yng nghefen gwlad Ceredigion am na fydde'r glaw ry'n ni'n ca'l yn gwneud lot o les i'r crwyn dros gyfnod hir. 'Nôl at Bob o'dd hi wedyn, a beth bynnag am ei ateb cynta, o leia ro'dd e'n gwbod le gallen i ga'l gafael ar tipi. Prynes un ganddo.

Crëwyd lot o gyffro'n lleol pan a'th y gair ar led bod gen i ryw brosiect tra gwahanol ar y gweill. Bydde pobol yn gofyn i Dad pa gynlluniau o'dd gan y mab ar gyfer y darn tir 'na. Pan fydde Dad yn ateb trwy weud 'Dechre busnes tipis', yr ymateb wedyn o'dd 'Beth, fel yr Indians?' A Dad yn ateb yn bwyllog, 'Ie', a gweud dim mwy. 'Beth sy mla'n 'da mab yr Hendre?' o'dd y cwestiwn mawr.

Da'th y dydd pan gyrhaeddodd Bob i godi'r tipi. Wedi cwblhau'r dasg, fe eisteddodd cwpwl ohonon ni y tu mewn, o amgylch y tân. Delyth, Sian a fi, a'r cwbwl yn ca'l ei ffilmo hefyd ar gyfer y gyfres, wrth gwrs. Cydiodd naws yr holl beth yn dynn ynddon ni. Mewn â Dad wedyn ac ishte gyda ni, ei goesau wedi eu croesi oddi tano ar y llawr. Dw i'n credu iddo fe ddeall ysbryd yr holl syniad hefyd.

A'th y gyfres mas yn glou iawn ar ôl i'r tipi ga'l ei godi. *Ni, Tipis a Nhw* o'dd ei henw: 'Ni' fel teulu, y tipis a'r 'Nhw' o'dd y grymoedd economaidd a orfododd i fi feddwl am greu cynllun yn y lle cynta. Nawr, nid dyna'r bwriad, ond profodd hynny i fod yn hysbyseb arbennig o dda i rywun o'dd newydd ddechre busnes! Da'th yr ymwelwyr cynta'n eitha clou. Dyw e ddim yn ormodiaith i weud i'r busnes fod yn llwyddiant ysgubol ers hynny. Y Cymry dda'th gynta ond cyn bo hir ymestynnodd dalgylch y rhai o'dd yn dod i aros y tu draw i Glawdd Offa ac yna y tu fas i Brydain hefyd. Dau le o'dd yn cynnig cyfle am wyliau tebyg trwy Brydain gyfan, un yng Nghernyw a'r llall yn yr Alban. Fi o'dd y cynta i wneud hynny yng Nghymru.

Do'dd y syniad ddim wedi ca'l ei ddiffinio yn nhermau twristiaeth o gwbwl pan ddechreues i rhyw ddeng mlynedd yn ôl. Yn Glastonbury welodd Adele y tipis ysgogodd hi i awgrymu mai dyna beth ddylen i wneud. Nawr ma pethe wedi newid ac ma'r duedd dwristaidd hyn a *glamping* yn boblogaidd iawn. Crynodeb o *glamorous camping* yw *glamping* a chan fod iddo deitl swyddogol ma disgwyliadau a gofynion pobol yn dra gwahanol i fel o'n nhw. Ro'n i'n gallu cynnig profiad mwy cyntefig, mewn ffordd, ond ma'n dal i fod yr un mor boblogaidd ag yr o'dd yn y dyddie cynta, er tamed bach yn wahanol ei naws. Yn y blynydde cynta, fe 'nes i gadw'r tipis ar agor rownd y flwyddyn. Bu'n rhaid rhoi stop ar hwnna, gan fod y gwynt o'r môr yn ca'l effaith ar gynfas y pebyll a bod angen eu tynnu lawr er mwyn eu diogelu. Ond ma'r lle ar agor 'da fi o'r Pasg tan ddiwedd Hydref o hyd. Ma lot o grwpiau o ferched yn dod ar barti ieir a'r bois ar eu penwythnos stag. Yn ystod yr wythnos wedyn ma lot o deuluoedd yn dod. Ma gan bawb eu stori ac ma pawb yna am wahanol resymau. Dyna apêl a mwynhad yr holl beth i fi – gallu ishte gyda nhw'n gwrando ar eu hanesion amrywiol. Yn y dyddie pan o'dd y ddiod yn dechre cydio yndda i, ro'dd gallu ishte gyda grwpiau gwahanol o bobol bob wythnos a mwynhau diod neu ddwy yn ffordd hwylus i fi ildio i'r syched am alcohol, ond mewn modd nad o'dd neb arall yn gallu cadw llygad ar faint o'dd yn mynd lawr y gwddwg bob tro.

Ro'dd y rhai a dda'th o ddinasoedd Lloegr, nifer ohonyn nhw o gefndiroedd digon caled, wastad yn rhyfeddu at un peth yn ddieithriad. Y sêr. Ro'dd pawb yn synnu at ddisgleirdeb y goleuadau bach 'ma yn yr wybren a phawb yn sefyll yn gegrwth wrth godi pen i'w gweld. Beth ddechreues i wneud wedyn o'dd dod â thelesgop mas, un o'dd 'da fi yn fy stafell wely, gan fod honno yn nho yr Hendre. Bydde pawb yn ei gymryd yn eu tro wedyn i edrych ar batrymau amrywiol y sêr, sylwi ar ambell blaned, yn enwedig y lleuad, ac ymhyfrydu yn yr Andromeda Galaxy hefyd. 'Na beth o'dd boddhad. Rhan annatod o'r un profiad yn amal fydde profi llonyddwch, profi tawelwch a gweld mantais a chyfraniad cadarnhaol y fath gyflwr.

Da'th Eluned Haf Wigley lawr 'na ar ei pharti ieir, a alwyd yn Parti Ieir Bach yr Haf, yn briodol iawn. Do'dd hi erio'd wedi bod yn merlota o'r bla'n ac fe awgrymes y gallen i fynd â hi a'i grŵp mas am dro bach ar gefen y ceffyle. Felly buodd hi a chafwyd amser da. Fe wnaeth hi awgrymu wedyn pam na fydden i'n creu rhywbeth a fydde'n cynnig naws o le yn yr Hendre. O'r awgrym hwnnw yr es ati i greu'r teils bach clai â geiriau o rai o benillion Dad arnyn nhw.

Ond fe newidiodd awyrgylch y gwyliau tipis a dechreuodd y partïon ddigwydd yn fwy amal na'r gwyliau teulu. Fel o'n i ar y pryd, do'dd dim tamed o wahaniaeth 'da fi bod pob penwythnos yn mynd yn barti. Ond ers dod mas o'r ysbyty ma fy agwedd wedi newid a dw i wedi dechre ystyried nawr bod ishe i bethe fynd 'nôl i fel o'n nhw ar y dechre, gyda phwyslais mwy teuluol. Da'th y neges 'na'n ddigon clir i fi wedi ymweliad gan un grŵp yn benodol. Ro'n nhw wedi bod yn dod ata i ers sawl blwyddyn a ro'n nhw'n bobol hyfryd. Grŵp o bobol ifanc o Gaerdydd. Y tro cynta iddyn nhw ddod, gofynnon nhw os allen nhw ddod â *ghetto blaster*. Wedyn, yn raddol, fe drodd hwnna i fod yn gais i ddod ag *amplifier* llawn rai blynydde wedyn, ac fe drodd yr holl benwythnos yn un *rave* cerddorol. Un noson, da'th yr heddlu yn oriau mân y bore, wedi cŵyn am y sŵn gan gymdogion rhywle. Trwy lwc, ro'dd gan y grŵp ddigon o synnwyr i drin y plisman yn iawn. Yn wir, fe gynigion nhw frechdan gig moch iddo fe. Erbyn i fi gyrraedd safle'r tipis, dyna le o'dd y plisman yn mwynhau ei frechdan. Gadawyd y gŵyn yn y man a'r lle a 'nôl gartre â'r plisman yn ddigon bodlon. Ond ro'dd yr holl beth yn rhybudd clir i fi. Gallai fod wedi bod lot yn wa'th, lot mwy difrifol. Gallai'r stori fod wedi mynd ar led bod *rave* yn yr Hendre, *raid* gan yr heddlu, cyffuriau ac yn y bla'n. Ro'dd gofyn rheoli'r sefyllfa er mwyn gwneud yn siŵr na fydde awgrym o hyn fyth eto. Felly, o hynny mla'n, dw i wedi cadw at y rheol wreiddiol: dim offer sain nac offerynnau trydan o unrhyw fath, dim ond offerynnau acwstig.

Felly, tra 'mod i'n mynd 'nôl a mla'n i'r Eidal, ro'dd busnes da'n datblygu 'da fi 'nôl adre ar y ffarm. Dwy fenter: un yn rhan o 'nhreftadaeth Gymreig a Chymraeg i a'r llall yn y diwylliant a'r iaith newydd yr o'n i wedi eu mabwysiadu.

Ma Sian yn gweud wrtha i 'mod i'n siarad Eidaleg yn fy nghwsg. Gwnewch o hwnna yr hyn a fynnoch! Da'th hwnna'n eitha lletchwith un bore pan ofynnodd Sian i fi 'Who is Stephania? And what's "putana"?' O dier. Do'dd gen i ddim syniad pwy o'dd Stephania, wir i chi. Dw i'n gwbod mai putain yw 'putana' ond do'dd dim rheswm o gwbwl i fi gynnwys y fath gyfeiriad mewn breuddwyd, gan na fuodd unrhyw gysylltiad rhyngdda i a'r fath 'na o fenyw. Ware teg iddi, fe wnaeth Sian dderbyn fy ngair, derbyn fy mod yn gweud y gwir. Ma breuddwydio'n gallu bod yn beryglus!

Na, do'dd dim agwedd ar fywyd yr Eidal yn peri problem i fi. Ond cyrraedd yna o'dd y broblem, neu fe dda'th yn broblem o leia. Y troeon cynta, a finne'n mynd yna ar fy mhen fy hunan, naill ai o Stansted neu o Fryste, ro'dd yn gynhyrfus tu hwnt. Ro'dd yn ddechre cerddorol newydd a hynny mewn gwlad estron. Ond wedi gwneud y fath daith am y canfed tro, gan ddal yr un awyren o Stansted bell am hanner awr wedi saith y bore, ro'dd yn troi'n fwrn. Yn amal wedi cyrraedd ro'dd gofyn dal trên yr holl ffordd lawr i dde'r Eidal ar gyfer rhyw gyngerdd neu'i gilydd, a hynny'n amal ar y diwrnod ro'n i'n cyrraedd yna. Ma rhywbeth fel'na yn mynd yn galetach ac yn galetach wrth bod amser yn mynd yn ei fla'n. 'Nôl adre, ro'dd Sian a fi yn setlo i berthynas ac ro'dd byw mas o rycsac yn galed iawn.

Ar ben hyn, ro'dd 'na lais arall yn galw arna i. Ers dyddie ieuenctid, ro'n i wastad wedi mwynhau gwylio rasys pwynt i bwynt 'nôl yng ngorllewin Cymru. Ro'n i'n tynnu at ganol fy nhridegau wrth agosáu at ddeng mlynedd o berfformio yn yr Eidal ac yn gwbod y bydde angen i fi symud yn eitha clou os o'n i am wireddu dymuniad oes a chymryd rhan mewn ras pwynt i bwynt fy hunan. Felly, ro'dd gofyn gwneud penderfyniad arall a fydde'n newid cwrs bywyd. Yn diwedd, ro'dd y blino gyda'r teithio a'r awydd i deimlo gwefr pwynt i bwynt cyn iddi fod yn rhy hwyr yn ddigon i wneud i fi benderfynu gweud 'arrivederci' i'r Eidal.

Do'dd Lorenzo ddim yn ddyn hapus. Do'dd e ddim yn helpu fod dim syniad 'da fe beth o'dd rasio pwynt i bwynt. Ro'dd hynny'n gwneud yr esbonio dipyn yn fwy anodd. Fe dries i weud ei fod yn rhywbeth cyffrous iawn. 'Ti ddim yn credu bod y gerddoriaeth yn gyffrous hefyd?' gofynnodd fel ateb. A finne'n gorfod gweud 'Odi, ma'r gerddoriaeth yn gyffrous, dim 'na'r broblem.' 'Pam ma angen i ti ga'l cyffro rhywle arall, 'te?' o'dd y cwestiwn nesa.

Fe ddangoses i luniau iddo fe ar y we er mwyn treial esbonio beth o'dd y peth 'ma. Fe gollodd e hi'n llwyr pan ddigwyddes i weud fod rasio pwynt i bwynt yn beryglus a phobol yn gallu ca'l anaf a allai eu rhoi mewn cadair olwyn. Do'dd hwnna ddim yn bwynt rhy glefyr i fi wneud, yn enwedig pan 'nes i awgrymu fod y perygl yn rhan o apêl gwneud pwynt i bwynt yn y lle cynta. Ro'dd yn camu 'nôl ac edrych yn syn arna i bob tro y bydden i'n treial esbonio iddo beth o'dd ar fy meddwl. Ro'dd rhyw olwg 'Be ti'n trial brofi? Ma rhywbeth 'da ti sy'n mynd yn dda fan hyn. Ti'n llwyddo, ma'n rhoi boddhad i ti. Ti ddim hyd yn oed yn mynd i ga'l dy dalu am fynd ar gefen y ceffyl!'

Ro'dd e'n iawn yn hynny o beth, wrth gwrs. Do'dd apêl ware yn yr Eidal ddim wedi mynd. Bydde paratoi ar gyfer pwynt i bwynt yn mynd yn ffordd y gwaith yn yr Eidal, gan ei bod yn cymryd amser hir i ymarfer ar gyfer y fath orchest. Bydde fe hefyd, wrth gwrs, yn peryglu'r perfformio, gan ei bod yn ddigon posib y bydden i'n ca'l anaf a fydde'n golygu na fydden i'n gallu hedfan i'r Eidal nac yn gallu cydio mewn gitâr. Yn diwedd, rhaid o'dd canolbwyntio ar y ffaith bod hwn yn awydd o'dd 'da fi ers 'mod i'n grwt ifanc ac ro'dd yn awydd o'dd yn llosgi yndda i. Ro'dd yn rhaid i fi ei wneud; dyma'r rheidrwydd yna sy'n amhosib ei esbonio i bobol eraill falle, ond sy'n argyhoeddiad dwfn yn eich calon chi'ch hunan.

Ro'dd perfformio'n fyw yn rhoi gwefr i fi. O'dd, ro'dd yn gwneud i fi deimlo'n fyw. Ro'dd yn boddhau ac yn ffordd o fynegi fi fy hunan. Ond a fydden i'n gallu profi'r un peth ar gefen ceffyl yn neidio dros ddeunaw o glwydi? A fydde rhythm y carnau ar y pridd yn gallu cynnig yr un wefr â rhythm y gerddoriaeth o'dd mor agos at fy nghalon? O'dd y peryg meddyliol ac emosiynol sy'n gallu bod mor amlwg ar lwyfan wrth berfformio'n fyw yr un fath o beryg â'r peryg corfforol sy'n rhan annatod o rasio pwynt i bwynt? Ro'dd yn rhaid gwbod beth fydde'r atebion.

Dwy Awen: Cywydd y tad i'r mab

Mae mab nad wy'n ei nabod
I'm haelwyd i wedi dod.
Mae ei lais ers deunaw mlwydd
A'i eiriau yn gyfarwydd,
Ei olwg fel y teulu
A'i wedd a'i deip o'r ddau du.
Cnwd o had ein cnawd ydyw
Eithr i ni dieithryn yw.

Y gân sy'n ein gwahanu,
A'r gitâr sy'n rhwygo'r tŷ.
Y canu pop yw popeth,
Byddaru pawb iddo yw'r peth
Ers tro, mewn idiom na all
Dyn na dewin ei deall.

Ei gân ef nid da gen i –
Ni ry' gordd fawr o gerddi –
Diraen fydru anfedrus,
Awen bardd rheffyn pen bys.
Nid yr un yw yr heniaith
Na'i cherddi na'i chwerthin chwaith.

Ond onid yw dawn ei daid
I ynganu ing enaid
Ynddo ef yn rym hefyd,
Yn ddiléit a ddeil o hyd?
Onid llais di-hid y llanc
Yw tafod y to ifanc?

Onid ef yw oesol dôn
Gofidiau ei gyfoedion,
A bardd mawl eu byrddau medd,
A'u hirfelyn orfoledd?

Y gerdd sydd yn ei gorddi,
Ei fywyd ef ydyw hi,
Yr un yw'r reddf a'r hen raid
Sy'n annos yn ei enaid.
Stiff iawn yw fy stwff innau
Iddo ef, y mae'n ddi-au.
Rhyw alaw dlawd a di-liw,
Anaddas i ni heddiw,
Heb na bît buan na bas,
Na berw diembaras.
Hytrach yn geriatrig
A rhy sgwâr wrth gwrs i gig.
Hen reffynnau'r gorffennol
Sy'n dal ein hardal yn ôl.

Dwy awen nad yw'n deall
Y naill un felystra'r llall.

Digon tebyg fu gwasgfâu
Y taid gynt â'i gyw yntau.
Difenwai nhad f'awen i
Ac a'i rhwygai a'i rhegi.
Beth oedd rhygnu'r mydru mau
Wrth ragoriaeth rhyw gorau
Neu ymhél â chŵn hela,
Neu hwyl â phêl wrth sol-ffa?

Pawb a'i gryman amdani
'N hanes pawb sy' pia hi.

Y cnwd gwallt, caned ei gerdd
Yn ei iengoed a'i angerdd,
Fe ddaw y taw ar gitâr
Y Gwanwyn yn rhy gynnar.

Dic Jones

Wrth i ddyn dyfu'n henach, ma fe'n sylweddoli fod beth wedodd ei dad wrtho yn wir. Dw i'n cofio Dad yn gweud un tro bod rhyw agwedd neu duedd deuluol yn gallu colli cenhedlaeth. Ma enghraifft arbennig o hynny yn y cywydd chi newydd ddarllen. Mewn un man ma fe'n sôn am y traddodiad hela yn y teulu. Ro'dd fy nhad-cu, Aba, yn geffylwr mawr. 'Nes i erio'd ei gyfarfod felly do'dd e ddim yn uniongyrchol gyfrifol am fagu unrhyw ddiddordeb yndda i ym myd ceffyle. Wnaeth Dad erio'd etifeddu'r diddordeb hwnnw. Ond, er gweud hynny, ro'dd ganddo lygad craff iawn am geffyl ac ro'dd yn gallu gweld os o'dd ceffyl yn un da neu beidio. Fe lwyddes i ddwyn perswâd arno fe, pan o'n i tua un ar ddeg mlwydd oed, i ga'l ceffyl bach i fi'n hunan. Ro'n i wedi bod yn ca'l gwersi mewn stable lleol cyn hynny. Ond nawr, ro'dd 'da fi fy ngheffyl fy hunan. Ac fe dda'th mwy. Magwyd ebol o'r gaseg honno ac yna eboles o'r ebol. Ro'dd yr eboles, cobyn, yn un gas iawn. Ond yn amal ma modd dysgu mwy gan geffyl cas na cheffyl sydd yn bihafio'n iawn. Da'th y cobyn cas 'ma i 'mywyd tua'r un adeg â ro'dd Jess yn dechre. Felly, gan ei bod hi'n fwy na llond llaw beth bynnag, ro'dd yn rhaid ca'l gwared arni, a'r ceffyle eraill i gyd hefyd, gan na fydden i'n gallu edrych ar eu hôl yn iawn os am ddechre band o ddifri. Pan sgrifennodd Dad y cywydd yn 1989, felly, do'dd dim ceffyle 'da fi ac yn bendant do'dd dim sôn amdana i'n mynd i hela. Rhyfedd siwd o'dd Dad yn gallu gweld hynny pan nad o'dd unrhyw argoel ohono ar y pryd.

Ar yr un pryd â thrin y ceffyle o'dd 'da fi gartre ro'n i'n mynd i rasys pwynt i bwynt ar ffarm Pant y Deri ym Moncath. Dyma o'dd cyfarfod helfa'r *Teifi-Seid* a'r tro cynta i fi fynd yna, yn fy arddegau cynnar, fe 'nes ryfeddu'n llwyr bod peth fel'na'n digwydd yng nghefen gwlad a finne ddim yn gwbod unrhyw beth ynglŷn ag e. Dy'n nhw ddim yn hysbysebu'r rasys pwynt i bwynt, do's dim angen. Ma'n fyd hunangynhaliol yn hynny o beth. Ond eto i gyd, do'n i fel mab ffarm yng nghefen gwlad ddim wedi clywed amdanyn nhw trwy ddamwain hyd yn oed. Ro'dd yn fyd newydd i fi, 'te, byd o'dd yn apelio'n fawr iawn.

Falle'i fod e'n dal i fod yn fyd dieithr i chi, wrth gwrs, a chystal i fi esbonio beth yw'r ras 'ma cyn mynd ymhellach. Ras geffyle amatur yw hi, ar dir amaethyddol nid ar gwrs swyddogol. Ma hi'n dechre ar un pwynt ar y tir amaethyddol ac yn gorffen ar bwynt arall, a dyna'r pwynt i bwynt. Ma stori'r ras yn mynd 'nôl ymhell. Cyn dyddie'r Deddfau Cau, ro'dd unrhyw hela'n digwydd ar dir agored. Ond wedyn da'th y deddfau o'dd yn galw am gau caeau a gosod iet ac ati. Ro'dd gofyn agor sawl iet mewn unrhyw helfa wedyn, wrth gwrs, ac ro'dd hwnna'n fwrn ac yn rhwystredigaeth lwyr. Penderfynodd rhywun rywdro nad o'dd angen agor pob iet wrth fynd ar helfa a bod neidio dros y cloddiau yn fwy o sbort. Felly, dechreuwyd y syniad o neidio dros berthi wrth fynd ar ôl y bytheiaid. Trodd hwnna'n ras wedyn i benderfynu pwy o'dd yr heliwr cyflyma. Trefnwyd ras o un pwynt penodol i bwynt penodol arall. Pa bwyntiau ddewiswyd? Tŵr eglwys mewn un pentre fel man cychwyn a thŵr eglwys yn y pentre drws nesa fel man gorffen. O *steeple* i *steeple*, felly, a dyna chi o le da'th *steeplechase* fel enw ar ras geffyle dros glwydi.

Ro'dd fy nghysylltiad cynta i 'da pwynt i bwynt 'nôl yn y dyddie pan o'dd Jamie Jukes yn bencampwr Cymru. Dw i wedi dod i'w nabod yn dda erbyn hyn ond pryd hynny ei edmygu o bell ro'n i'n gwneud. Un peth penodol o'dd yn cydio yn fy nychymyg wrth fynd i weld y rasys o'dd yr hyn o'dd yn digwydd reit ar y dechre. Bydde'r rhai o'dd yn cymryd rhan yn cylchdroi ym man cychwyn y ras am beth amser ac yn sgwrsio â'i gilydd wrth wneud hynny. Wedyn, pan o'n nhw i gyd yn weddol agos ati i fod yn y man cywir bydde'r dyn sy'n dechre'r ras yn gostwng ei fflag. Yr hyn o'dd yn mynd trwy fy meddwl i wrth edrych arnyn nhw'n gwneud hyn o bell o'dd 'Am beth ma nhw'n siarad?' Ro'dd yr holl jocis yn edrych fel petaen nhw wedi ymlacio'n llwyr, er bod ras o dair milltir o'u blaenau nhw dros ddeunaw o glwydi. Ma'n ras anodd, gyflym, beryglus, a fel ma nhw'n gweud yn y byd pwynt i bwynt, ma cadair olwyn yn aros ym mhob clwyd. Ond do'dd dim o hynny i'w weld ar wynebau'r rhai o'dd ar fin mentro ar yr antur 'ma. Dyna'r nod i fi, felly – ffindo mas am beth ro'dd y bois 'ma'n siarad ar ddechre ras. Fe benderfynes yn gynnar iawn yn fy mywyd mai'r unig ffordd i wneud hynny o'dd i fynd ar gefen ceffyl fy hunan a bod yna yn eu canol, er mwyn ca'l bod yn rhan o'r sgwrsio 'ma o'dd wedi fy swyno gymaint. Er i fi weld yn glir iawn bod y rasio yma'n beryglus iawn yn nyddie Pant y Deri, do'dd hynny ddim yn rhwystro'r awydd i fod yn rhan o'r ras rhyw ddydd mewn unrhyw ffordd.

Felly, pan dda'th y llais 'ma 'nôl i'r meddwl, a finne yn yr Eidal yn mwynhau llwyddiant cerddorol, ro'dd yn rhaid gwrando arno a rhoi sylw o ddifri i'r awydd a fynegwyd yn fy arddegau i fynd ar gefen ceffyl a chymryd rhan mewn ras pwynt i bwynt. Ma'r rhan fwya yn dechre rasio pan ma nhw tua un ar bymtheg. Ro'n i'n dri deg pedwar yn penderfynu fod yn rhaid i fi roi cynnig arni. Dyw hi ddim yn gamp chwaith lle gallwch chi droi lan ar glos ffarm a gofyn oes ceffyl 'da rhywun i'w fenthyg i chi ac wedyn mynd ati i rasio. Rhaid paratoi'n fanwl ac yn gywir. Ma'r ceffyle'n rhai mawr, drud a rhaid gwbod siwd ma'u trin.

Yn nyddie diwetha Jess, pan gwrddes i â Sian, fe wnaeth hi fy ailgyflwyno i fyd ceffyle. Ma'i wrth ei bodd yn marchogaeth ac ro'dd hi'n arfer mynd at y ceffyle ar y ffarm lle ry'n ni'n cadw'n ceffyle nawr, ffarm Robert Williams, y dyn dda'th i fy ngweld yn yr ysbyty heb yn wbod i fi. Ro'dd Robert yn gwneud lot fawr gyda rasio pwynt i bwynt ac ro'dd e wedi bod yn hyfforddwr llwyddiannus iawn yn ei amser. Felly, dyna fi 'nôl yn y byd 'na. Ar y dechre, heiro ceffyle gan Robert bydde Sian a fi'n gwneud ac yna carlamu ar hyd y twyni tywod ym Merthyr Mawr am orie. Wrth wneud hyn dros gyfnod fe ddes i nabod Robert. A phan ddes i i ddeall ei fod wedi hyfforddi pwynt i bwynt yn y gorffennol ro'dd y cluste'n dechre codi a finne'n gweld cyfle posib i fi fod yn rhan o'r rasys 'ma fy hunan wedi'r cwbwl. Fe fages i ddigon o hyder un dydd i ofyn iddo fe o'dd e'n meddwl fod gobaith 'da fi reido mewn ras pwynt i bwynt. Hynny yw, o'dd e'n meddwl 'mod i'n gallu reido ceffyl yn ddigon da. 'Wrth gwrs dy fod ti' o'dd ei ateb ac ro'dd hynny'n gam mawr.

Wedyn fe ges i berswâd arno fe i adael i fi fod yn rhan o'r tîm o'dd yn mynd mas bob bore er mwyn hyfforddi'r ceffyle rasio sydd 'da fe. Ma ceffyle rasio yn gwbwl wahanol i geffyle eraill, ma nhw'n llawer mwy poeth. Ferrari yw ceffyl rasio ac ma gofyn ei drin fel Ferrari. Ro'dd yn hyfforddiant cwbwl newydd i fi, felly, i ga'l bod ar gefen ceffyl o'r math hyn. Os rhowch chi gic i geffyl fel'na, ma pethe mawr yn digwydd a rhaid bod yn barod am hynny. Ond fydden i byth yn gofyn iddo fe os gallen i gymryd rhan mewn unrhyw ras ar gefen un o'i geffyle fe. Do'n i ddim yn meddwl y bydde hynny'n addas. Ond o leia ro'dd y fflam wedi ailgynne. Ro'dd camau'n ca'l eu cymryd i'r cyfeiriad cywir.

Nawr, ro'dd gofyn meddwl am ffordd i fi allu cymryd rhan mewn ras pwynt i bwynt. Da'th syniad.

Ro'n i wedi gwneud cyfres ynglŷn â'r busnes tipis o'dd da fi ar ffarm yr Hendre. Felly, sgwn i o'dd modd i fi gynnig syniad am gyfres i S4C yn seiliedig arna i'n paratoi i gymryd rhan mewn ras ac yna'n rasio go iawn? Draw â fi am sgwrs 'da un o'r comisiynwyr ar y pryd, Nici Beech. Y funud wedes i 'pwynt i bwynt', ware teg, ro'dd hi'n gwbod yn gwmws am beth o'n i'n siarad. A'th y sgwrs yn hwylus a phen draw'r holl drafod a fuodd o'dd i fi ga'l cyfres.

Pa mor lwcus o'n i wedi bod, gwedwch? Fydde neb yn fodlon rhoi benthyg ceffyl rasio i fi, fydde neb yn cymryd y risg. Ond fe ddes o hyd i ffordd o ga'l fy hunan yn barod ar gyfer cymryd rhan mewn ras heb orfod mynd ar ofyn neb a heb orfod rhoi unrhyw un mewn sefyllfa le fydde nhw'n gorfod gweud 'na' wrtha i. Defnyddio fy ngheffyle fy hunan o'dd yr unig ffordd mewn gwirionedd, a cha'l fy hyfforddi ar fy ngheffyle fy hunan hefyd. Ro'dd cyfres S4C wedi gwneud hynny'n bosib.

Mewn â chymeriad arall i'r stori nawr'te. Dai Jones, neu Dai Bach Caerfyrddin fel ma pawb yn ei nabod e. Ei dad o'dd Meistr Dyffryn Clettwr a hyntsman helfa Caerfyrddin. Ma fe wedi bod yn bencampwr pwynt i bwynt Cymru bump gwaith ac ma fe'n arwr go iawn i gymaint o bobol. Ma'r ffaith ei fod wedi cyflawni'r gorchestion hyn a'n bod ni fel Cymry ddim yn gyfarwydd â'i enw y tu hwnt i fy amgyffred i a gweud y gwir. Ddyle hi ddim bod felly. Da'th e mewn i stiwdio Tinopolis unwaith tra 'mod i'n gwneud rhyw waith yna. Ro'n i'n gwbod yn iawn pwy o'dd e achos yr enw sy 'da fe yn y byd rasio ond do'n i ddim wedi cwrdda fe erio'd. Dyna fy nghyfle. Lan â fi a chyflwyno fy hun iddo. 'Nes i sôn am fy mwriad i rasio ac fe gamodd 'nôl ac edrych yn syn arna i, fel o'dd pawb yn dueddol o wneud. Ond cyn iddo allu ymateb ymhellach gofynnes a fydde diddordeb 'da fe yn fy helpu ar y gyfres deledu am rasio pwynt i bwynt. Gofynnodd un cwestiwn syml yn syth: 'Ti'n gallu reido 'te?' Ac ro'dd cryn dipyn o anghrediniaeth yn ei lais! Es mla'n i weud wrtho am fy mhrofiadau gyda Robert ac ati, a da'th cwestiwn arall 'nôl: 'Ti wedi gofyn i Robert os yw e'n meddwl bo ti'n gallu reido?' 'Odw,' medde fi, 'ac fe wedodd e bod e'n credu 'mod i'n ddigon da.' 'Iawn,' medde Dai, 'os yw Robert yn gweud hynny, ma hwnna'n ddigon i fi.' A fel'na fuodd hi. Ro'dd fy arwr, y gore yng Nghymru am rasio pwynt i bwynt, ar yr un ochr â fi nawr.

Y cam pwysig cynta o'dd prynu ceffyl! Da'th Dai lan 'da fi i arwerthiant Ascot un dydd i chwilio am geffyl. Ro'n i'n edrych am un a chanddo rywfaint o brofiad, ceffyl o'dd wedi ennill rasys yn y gorffennol. Ma'r math 'ma o geffyl yn ca'l ei alw'n 'ysgolfeistr' yn y byd ceffyle; hynny yw, ceffyl y gallen i ishte ar ei gefen a bydde fe'n gwbod beth i'w wneud ei hunan ac yn gallu dysgu fi i raddau. Da'th Dad lan gyda ni hefyd. Ac i feddwl ei fod yn ffarmwr o'dd wedi delio gyda gwartheg trwy gydol ei oes, ro'dd ei glywed yn siarad gyda Dai ynglŷn â'r ceffyle o'dd o'n blaenau ni yn rhyfeddod. Ro'n i'n sefyll ar ei bwys a 'ngheg ar agor, ac er i fi dreial cyfrannu ro'dd yn amlwg fy mod mas o 'nyfnder. Weden i ddim ei fod yn gwbod mwy na fi am reido ceffyl, ond o ran edrych ar geffyle gwahanol a gwbod pa un o'dd yn gallu gwneud beth, ro'dd e'n bell ar y bla'n ac ynte heb ddangos yr un diddordeb amlwg mewn ceffyl erio'd, trwy wbod i fi. Cheson ni ddim ceffyl y diwrnod hwnnw, ond ro'dd e'n drip arbennig i fi'n bersonol.

Da'th galwad ffôn wrth Dai cyn hir i weud ei fod wedi dod o hyd i geffyl i fi. Lan â ni i Swydd Gaerloyw, le o'dd stable hyfforddwr adnabyddus iawn ym myd rasys ceffyle, y Cymro Nigel Twiston-Davies. Ro'n i wedi cynhyrfu i gyd yn ystod y daith lan 'na, a Sian wrth fy ochr. Cyrraedd y stable wedyn a finne'n gofyn yn ddigon brwdfrydig 'Where is he? Where is he?' Dyma Nigel yn codi ei fraich ac yn pwyntio at geffyl cyfagos. Pan 'nes i droi fe weles y ceffyl teneua posib. Ro'dd yn frwnt a'r olwg ryfedda arno. Do'n i ddim yn gwbod beth i'w weud ond y cyngor amlwg gan Dai a Nigel o'dd i roi'r arian a mynd â'r ceffyl 'nôl 'da ni. Fe dderbynies y cyngor yn ddigon ansicr a 'nôl â ni i dde Cymru â'r ceffyl nawr yn eiddo i Sian a fi. Ro'dd gofyn ei fwydo, ei olchi, ei fagu mewn ffordd. Wrth i'r wythnosau cynta fynd yn eu blaenau, da'th yn gwbwl amlwg ein bod wedi prynu peiriant o geffyl. Do'dd e ddim yn un rhwydd iawn ond ro'dd yn amlwg yn un galluog tu hwnt.

Da'th cyngor pellach gan Dai wedyn. Pryna ragor o geffyle. Do'dd e ddim yn credu y dylen i baratoi ar gyfer rhywbeth mor fawr â ras pwynt i bwynt gyda dim ond un ceffyl. Ro'dd Sian a fi ar glos ffarm Robert un dydd ac fe welodd Sian y gaseg fach hyfryd 'ma yn dod o'r twyni a thrwy'r afon. Peth nesa, ro'dd y gaseg yng nghlos y ffarm a Robert yn gweud ei bod ar werth ac mai'r perchennog o'dd ar gefen y gaseg. Wel, 'na ni, 'te. Prynwyd Sandy, y gaseg honno, yn y man a'r lle. Ac yna da'th ceffyl arall i'n sylw. Ro'dd Dai am werthu un o'i geffyle fe, Felix. Y bwriad o'dd y bydde ei wraig yn hyfforddi Felix, ond bu'n rhaid newid y cynlluniau ac ro'dd Felix ar ga'l. Ro'dd gwrando ar Dai wedi arwain, felly, at brynu dau geffyl arall. Ro'n i nawr yn berchennog tri ceffyl a phob un yn gwbwl wahanol i'w gilydd. Ro'n i'n teimlo'n real boi nawr â thri ceffyl rasio 'da fi yn y stable!

Ond nid eu prynu er mwyn eu cadw yn y stable 'nes i, wrth gwrs, ac ro'dd angen gweld nawr pa un fydde'n gweddu ore ar gyfer fy nghario i dros ras pwynt i bwynt. Dai o'dd y boi i dreial deall hynny, ac fe driodd e'r gaseg fach mewn ras gynta. Fe wedodd nad o'dd y gaseg honno mor addas i joci dibrofiad ac felly cafodd Sandy ei diystyru ar gyfer y prosiect arbennig yma. Ro'dd Sian yn ddigon bodlon â hynny a'i cheffyl hi o'dd Sandy wedyn. Cafodd y gaseg fach anaf rhyw ddwy flynedd yn ôl ac fe dorrodd ei choes. Ro'dd y driniaeth ro'dd ei hangen arni yn golygu ei chlymu i nenfwd y stabl er mwyn ei rhwystro rhag gorwedd o gwbwl. Yn diwedd, bu'n sefyll ar ei thra'd am chwe wythnos. Ond fe wellodd yn llwyr a medde'r fet 'Ma hon yn gryfach nawr nag o'dd hi cynt a gall hi rasio eto, heb amheuaeth!' Wel, os na wnaeth hi dorri ei choes eto ac yn Ionawr eleni do'dd dim dewis 'da ni ond dod â'i bywyd i ben. Torrodd Sian ei chalon, druan. Dyw hi ddim yn dod o deulu amaethyddol o gwbwl ac o ganlyniad do'dd hi ddim yn gyfarwydd â gweld anifeiliaid yn marw fel o'n i. Nid bod e ddim yn effeithio fi, ond fe siglodd Sian yn rhacs. Ro'dd ei pherthynas hi gyda'r gaseg lawer yn fwy tebyg i berthynas person â'i anifail anwes. Ond i fi, ro'dd gwahaniaeth aruthrol rhwng y berthynas rhyngdda i a'r ceffyle a'r berthynas sydd gen i 'da Gelert, y milgi sydd 'da fi. Partneriaeth sydd rhwng ceffyl a fi, cydweithio, cyd-dynnu, a'r ceffyl yn gorfod bod yn argyhoeddedig bod yr un ar ei gefen yn gwbod beth ma fe'n wneud hefyd neu dyw pethe ddim yn gweithio'n iawn. Ond perthynas, nid partneriaeth, sydd rhyngdda i a fy nghi. Ma Gelert lot mwy dibynnol arna i na beth allai unrhyw geffyl fod. Ma ceffyl, wedi'r cwbwl, yn gallu pori.

Ro'dd y ffilmo wedi bod yn mynd yn ei fla'n yn iawn drwy'r holl broses 'ma ac, yn sydyn reit, fe dda'th at yr amser i roi fy enw gerbron er mwyn mynd i ras go iawn. Rhyw bythefnos cyn hynny dyma Dai'n gofyn i fi faint o brofiad neidio ar geffyl o'dd 'da fi. 'Dim,' medde fi a Dai unwaith eto yn gorfod camu 'nôl yn syn, crafu ei ben a gofyn onid o'n i'n meddwl ei bod yn hen bryd i fi ddechre. O'dd, ma'n siŵr. Felly bant â ni i wneud hynny.

I ardal Dinbych-y-pysgod yr aethon ni, le o'dd teulu yng nghyfraith Dai yn ffarmo. Ro'dd ceffyl 'na o'r enw Celtic Abbey. I ddilynwyr pwynt i bwynt, ma'r ceffyl 'na yn enw mawr ac ar gefen hwnnw ro'dd Dai yn disgwyl i fi ddechre fy hyfforddiant neidio. Lan â fi ar gefen y ceffyl a mynd ar hyd y cwrs o'dd wedi ei osod gerllaw. Ro'dd yn wefreiddiol bod ar gefen y fath geffyl a hwnnw'n carlamu'n hyfryd ac yn codi'n osgeiddig dros bob naid ro'n i'n dod ar ei thraws. Fe a'th y diwrnod yn hwylus dros ben a Dai'n fodlon na fydde'r neidio yn broblem i fi wedi'r cwbwl.

Ond ro'dd un rhwystr arall yn fy wynebu wrth i ddiwrnod y ras agosáu. Fy mhwyse. Fy mhwyse naturiol i yw rhyw dair stôn ar ddeg ond ro'dd gofyn i fi ddod lawr i un stôn ar ddeg a hanner ar gyfer y ras. Problem feddyliol o'dd hi'n fwy na dim i fi wrth fynd ati i dreial colli'r pwyse. Pan dyw dyn ddim yn gallu bwyta beth ma fe'n hoffi bwyta, ma'n gallu ca'l chi lawr yn ofnadw. Ma fe'n eich gwanhau hefyd. Do'dd sibrydion a mân siarad pobol y byd pwynt i bwynt ddim yn fy helpu chwaith. Ro'dd yr holi wedi dechre mynd ar led – ar ba glwyd ma Brychan yn mynd i dorri ei wddwg sgwn i? Do'dd siarad fel'na'n gwneud dim byd ond magu'r pili pala o'dd yn fy stumog yn barod, a stumog wag o'dd honno hefyd, wrth gwrs. Buodd sôn am gymryd ambell bet ar siwd bydden i'n perfformio, neu ddim yn perfformio yn eu tyb nhw.

Bythefnos cyn fy ras fawr i ro'dd ras helfa'r *Teifi-Seid* ym Moncath. Ar ddiwedd y ras ma 'na gyfle i'r rhai sydd am wneud hynny ddefnyddio'r cwrs ar gyfer bach o ymarfer. Fe es i lawr i'r ras, felly, a Felix y ceffyl 'da fi. Dyma'r tro cynta i fi fynd ar hyd cwrs pwynt i bwynt ar gefen ceffyl. Fe a'th Dai ar gefen ceffyl arall ac ymunodd joci arall digon profiadol â ni hefyd, Paul Sheldrake.

Yn y trêlyr le o'dd yr holl sylwebu a'r cyhoeddiadau'n digwydd, ro'dd wags mawr helfa

Llangeinor, yr helfa ro'n i'n perthyn iddi. Er mwyn cymhwyso eich ceffyle ar gyfer y ras, ma'n rhaid eich bod chi wedi bod mas yn hela rhyw bedair neu bum gwaith. Ma gofyn, felly, i helfa eich mabwysiadu. Er bod dad-cu wedi bod yn hela, ro'dd gen i ragfarn gref yn erbyn y peth. (Am fy mod yn gerddor ac yn troi yn y byd 'na, ma'n siŵr.) Ond dyna i gyd o'dd e mewn gwirionedd, rhagfarn. Do'dd e ddim yn seiliedig ar unrhyw fath o wybodaeth.

Nawr, ro'dd y sefyllfa o fy mla'n yn ddigon syml. Ro'dd yn rhaid i'r ceffyl fynd ar helfa cyn ca'l bod yn rhan o'r ras ro'n i'n paratoi ar ei chyfer. Beth nethen i 'te?

Y penderfyniad o'dd mynd ar yr helfa fy hunan, yn lle gwrthod mynd a hynny ar sail dim mwy na rhagfarn yn unig. Dyna dw i wedi dod i ddeall sydd gan y rhan fwya o bobol yn erbyn hela – rhagfarn, a dim byd arall. A bod yn onest, ma'r holl beth yn fwy o beth cymdeithasol nag yw e o wasanaeth, er na fydde swyddogion yr helfeydd yn ei gweld hi fel'na, falle. Ers i hela fod yn anghyfreithlon ma mwy a mwy yn mynd mas i saethu cadnoid, sy'n golygu ei bod yn fwy na phosib bod mwy o gadnoid yn ca'l eu hanafu yng nghefen gwlad yn lle ca'l eu lladd. Ma hynny'n fwy creulon i'r cadno o lawer. Ma hela gyda bytheiaid yn well i *gene pool* y cadno am mai dim ond yr hen gadnoid a'r rhai gwan sy'n ca'l eu dal gan y bytheiaid. Ma'r rhai iacha yn cadw i fynd.

Beth bynnag, 'na le o'dd bois Llangeinor yn y trêlyr wrth i fi fynd heibio er mwyn mynd ar y cwrs. Dim ond am un rheswm ro'n nhw wedi ymgasglu 'na, i 'ngweld i'n cwmpo ac i werthin, wedyn, ar fy mhen! Ond bant â ni ta beth.

Anodd disgrifio'r teimladau wrth fynd rownd: anelu at un o'r clwydi a charlamu'n syth tuag ati a chodi i'r awyr wedyn i fynd drosti. Hynny gyda dau geffyl arall, un bob ochr, a'r tri ohonon ni yn yr awyr yr un pryd wrth neidio. Y sŵn o'dd un peth amlwg wnaeth fy nharo. Os ydych chi wedi bod i'r rasys erio'd byddwch yn gwbod fod 'na eitha cyffro wrth glywed y ceffyle'n agosáu at le y'ch chi'n sefyll i'w gweld, ac yna'n diflannu eto wedi mynd heibio i chi. Mewn ras, ry'ch chi yng nghanol taranau'r carnau drwy'r amser. Ma fe'n eitha gwefr. Ma anadlu trwm y ceffyle'n ychwanegu at y sŵn 'na, fel ma'r sŵn wrth iddyn nhw fynd dros bob un o'r clwydi. Ac wedyn ma arogl y ceffyle a'r chwys a gwynt y ddaear oddi tano, y cwbwl yn ychwanegu at brofiad y synhwyrau wrth fynd ar garlam. Do'dd y tro 'ma o amgylch y cwrs ddim yn ras go iawn, wrth gwrs, ond fe roddodd syniad go dda i fi beth allen i ddisgwyl pan fydden i'n cystadlu ymhen pythefnos. Dros yr wythnosau cyn hynny, ro'n i'n amau a fydden i mewn gwirionedd yn gallu gwneud yr hyn ro'n i mor awyddus i'w wneud. Nid yn unig y diffyg profiad ond hefyd y ffaith 'mod i'n dri deg saith yn mynd i fy ras gynta erio'd. O'dd e werth e, gwedwch? Ro'dd un tro yn ymarfer o gwmpas cwrs Boncath yn ddigon i leddfu pob amheuaeth. Ro'n i'n barod am y ras go iawn nawr a'r hyder yn pwmpo drwy fy ngwythiennau.

Ro'dd agwedd pobol eraill tuag ata i wedi dechre newid ym Moncath hefyd. Pleser llwyr o'dd mynd 'nôl heibio i hoelion wyth helfa Llangeinor ar ôl cwblhau'r ymarfer ar y cwrs a gweld nad o'n nhw'n werthin mwyach. Aethon nhw ddim mor bell â gweud unrhyw beth cadarnhaol, ond ro'dd absenoldeb y gwamalu a'r tynnu coes yn gweud digon. Ro'dd cofio hwnna hefyd wedi rhoi eitha hwb i'r hyder yn yr wythnosau'n arwain at y ras gynta, yn enwedig geiriau yr un wnaeth dorri'r tawelwch a mentro gweud rhywbeth wrtha i. 'I think you might make it, you know!'

Gan mai fi o'dd yn cyflwyno ac yn cyfarwyddo'r gyfres deledu hefyd, ro'dd gofyn cwrdd ag anghenion gwaith papur y diwydiant teledu, wrth gwrs, gan gynnwys y Risk Assessment Form fondigrybwyll. Le ddiawl y'ch chi'n dechre llenwi rhywbeth fel'na ar gyfer ras pwynt i bwynt? Yn diwedd, 'na gyd 'nes i roi lawr o'dd 'It's risky. I'll wear a helmet.' A dyna ni.

Yn Erw Lon ro'dd fy ras gynta i fod, yn enw helfa Clettwr. Ro'dd y ras ar y tir uchel rhwng Llanfihangel a Llandysul mewn lle o'r enw Pentop. Cwrs cyflym iawn yw hwn – fel ma nhw'n gweud yn y cylchoedd pwynt i bwynt, *galloping course*. Nos Sul ro'dd y ras a dw i'n cofio'r noson cynt ro'dd y pili pala yn fy stumog yn fishi tu hwnt. Ar fy ngwaetha, ro'n i'n gofyn cwestiynau fel 'A fydda i'n marw fory, sgwn i?' Rhaid o'dd rhoi stop ar feddwl fel'na yn eitha clou!

Bore trannoeth wedyn, a finne erbyn hynny ar glos canol yr Hendre, dw i'n cofio sefyll a meddwl fy mod yn mynd i wireddu breuddwyd y diwrnod hwnnw. Breuddwyd ro'dd ei gwreiddiau 'nôl le o'n i'n sefyll, yn yr Hendre. Erbyn diwedd y dydd, bydden i wedi ffindo mas beth o'dd y jocis yn ei drafod ar y llinell gychwyn cyn pob ras.

Wedi cyrraedd, a hithe'n ddiwrnod hyfryd, ro'dd yn bwysig cerdded y cwrs. Nid er mwyn peidio mynd ar goll, gan mai cylch yw'r cwrs fel arfer ac ma mynd ar goll bron yn amhosib. Ond, yn hytrach, am fod angen darllen y ddaear a nabod y cwrs. Da'th profiad Dai yn ddigon amlwg yn yr orie hynny cyn dechre'r ras. Fe dynnodd fi i'r naill ochr a rhoi gair o gyngor i fi yn fy nghlust. 'Beth bynnag 'nei di heddi,' medde fe, 'cofia anadlu! Byddi di wedi cynhyrfu siwd gyment pan ei di at y ffens gynta 'na, byddi di'n siŵr o dynnu ana'l fowr, ddwfwn mewn. Bydd yn demtasiwn i ti ddala'r ana'l 'na lot rhy hir. Paid â neud 'na. Ma fe'n gallu bod yn help mawr yn hynny o beth i ganu cân.' Wedyn, erbyn meddwl am eiliad neu ddwy, fe ychwanegodd, 'O na, fi wedi clywed ti'n canu, paid neud hynny! Tria adrodd rhywbeth yn lle 'ny, er mwyn dyn, ne' nei di 'ala ofon ar y ceffyle!'

Da'th Mam a Dad wedyn, dim un o'r ddau wedi bod i ras pwynt i bwynt erio'd o'r bla'n. Ro'dd hwnna'n amlwg yn ôl sylw cynta Mam. 'Beth o'dd hwnna bason ni ar y ffordd miwn?' 'Y ffens cynta yw hwnna, Mam,' medde fi. 'Beth? Chi'n jwmpo dros hwnna 'te?' Ro'dd yn dipyn o sioc iddi hi, yn bendant, fel o'dd e hefyd i'r dyn camera o'dd 'da fi, Garry Wakeham. Do'dd e ddim yn gallu credu uchder y clwydi chwaith. Ro'dd rhyw bump camera 'da ni rownd y cwrs i gyd i ddal cymaint o'r cystadlu â phosib.

Da'th yr amser i weld os o'n i wedi colli digon o bwyse neu beidio. Fuodd hi'n dipyn o job i ddod lawr o'r tair stôn ar ddeg, ma'n rhaid gweud, ond o'n i'n ddigon hyderus i fi lwyddo. Lan â fi i ishte ar y scêls a myn diain i, ro'n i bwys yn rhy drwm! Lawr â fi a Dai'n dod ata i'n syth. 'Pan ei di i bwyso 'to, ishte 'nôl tamed bach. Fi'n nabod y scêls, ma nhw mas tamed bach.' Da'th fy nhro i bwyso eto, ac fe 'nes i fel o'dd Dai wedi annog a, wir, ro'dd y pwys ychwanegol wedi mynd!

Dw i wedi sôn o'r bla'n am y frawdoliaeth ymhlith jocis pwynt i bwynt a'r teimlad bod 'na gymuned hunangynhaliol, gaeëdig bron, yn perthyn i'r holl beth. Pan gerddes i mewn i'r stafell newid cyn y ras ac at y jocis eraill fe brofes i'r pwynt hynny yn ddigon clir a chryf. Ro'dd 'na deimlad pendant i fi gerdded mewn i glwb rhywun arall. Do'dd dim prinder tynnu coes ac ro'dd digon o sbort. Ond fi o'dd pen arall y sbort hwnnw. Mas o fan'na wedyn i'r padoc, at Felix fy ngheffyl. Newidiodd yr awyrgylch eto wedyn a phawb yn fwy difrifol, yn dechre canolbwyntio ar y ras o'u blaenau. Y cam nesa wedyn o'dd y llinell gychwyn ei hunan.

Ma'n rhaid ca'l fet ar gyfer pob ras, a thrwy gyd-ddigwyddiad, y fet y diwrnod hwnnw o'dd fy nghefnder Jeremy. Ond ro'dd e'n hwyr. O ganlyniad, ro'dd yn rhaid i ni aros dipyn hirach ar y llinell gychwyn na fydde ni fel arall. Grêt i fi am mai dyna o'dd fy uchelgais, wrth gwrs – clywed sgwrs jocis pwynt i bwynt ar y llinell honno. Bydde mwy o gyfle 'da fi wneud hynny nawr, lot mwy. Un pwnc o'dd i'r sgwrs: rasio ceffyle. Digon naturiol, falle. Ond o'n nhw'n gwneud hynny mewn ffordd mor uchel-ael a dwys, yr unig beth galles i gyfrannu o gwbwl o'dd gweud ei bod yn ddiwrnod ffein!

Ymhen dim, â Jeremy yn amlwg wedi cyrraedd, gwaeddodd y stiward yr hyn ma fe wastad yn ei weiddi: 'Girth?' Cais yw hwn i weld oes unrhyw un ishe tento'r gengel. Rhag ofn nad yw'r fath derm yn gyfarwydd i chi, 'tento' yw tynhau a'r 'gengel' yw'r *girth*. Ma'r stiward ishe gweld oes unrhyw un angen ailosod y gwartholion neu rywbeth tebyg. Os oes ishe gwneud rhywbeth tebyg ma fe'n gofyn 'Set?' a chithe'n ateb 'Yes, sir.' Gwaeddodd un boi 'No, sir' gan ei fod dal wrthi'n addasu rhywbeth, ond fe dda'th y stiward â'r fflag lawr beth bynnag. Bant â'r ceffyle eraill ond fe 'nes i ddal 'nôl am fy mod yn credu mai dechre ar gam ro'dd y ras, gan nad o'dd un joci'n barod. Ond nid fel'na o'dd pethe'n gweithio! Fe weles i'r haul yn tasgu oddi ar bedolau'r ceffyle o'dd yn neidio dros y glwyd gynta a meddwl 'So rheina'n mynd i ddod 'nôl!' Ro'dd yn rhaid i fi ddechre fy ras i. 'Kick on' o'dd hi i Felix a bant â ni. Do's dim modd gweld ochr draw'r glwyd gynta yn Erw Lon, ddim tan i chi neidio drosti. Wrth hedfan dros y glwyd honno ro'dd yr olygfa mas dros gefen gwlad yn fendigedig. O fy mla'n, rhyw glwyd neu ddwy ymhellach tu hwnt i fi, ro'dd y ceffyle eraill. Y tu ôl i fi, fe glywes garnau ceffyl y boi o'dd wedi gweud nad o'dd e'n barod. Fe ddalodd e fi lan ac wrth fynd dros y glwyd ro'dd ei geffyl e'n gwasgu yn erbyn fy nghoes, y ddau ohonon ni ochr yn ochr mor dynn at ein gilydd ag o'dd hi'n bosib bod. Fel'na aethon ni dros y glwyd ar ôl honno hefyd a finne'n meddwl i fi fy hun, 'Bois, ma hwn yn ddansheris!' Gallai coesau'r ddau geffyl fod wedi clymu yn ei gilydd yn rhwydd.

Ro'dd y gwa'd yn cwrso nawr; ro'n i ar lefel o fodolaeth hollol wahanol, yn gwbwl tu fas i beth fydde unrhyw un yn ei alw'n *comfort zone*. Ro'n i mor ymwybodol o bob peth o 'nghwmpas a phob un o'r synhwyrau yn gweithio'n fwy caled nag arfer. Mla'n â ni at y gwter agored, lle ma darn o bren hir tamed bach 'nôl cyn cyrraedd y clais ei hunan. A'th pethe tamed bach go whith a tharodd Felix y darn pren. Wrth i ni ddod lawr ochr arall y clais, felly, ro'n i'n dal yn sownd rownd gwddwg y ceffyl. 'Wel, 'na ni,' medde fi wrth fy hunan. ''Na ddiwedd y ras a bydd pawb yn ca'l sbort am fy mhen.' Ond, trwy lwc, fe ddes 'nôl i'r cyfrwy yn ddigon teidi a bant â ni ar hyd gweddill y cwrs. Wrth fynd yn fy mla'n, fe ddechreues sylweddoli fod lot o'r jocis naill ai wedi cwmpo neu wedi tynnu mas. Ro'n i wedi llwyddo i basio llawer erbyn hynny hefyd. Â rhyw dair neu bedair clwyd i fynd, fe welcs gang o ffrindie yn rhedeg lawr ochr y cae yn gweiddi 'Go on, Brych. Go on, ti'n ail! Cer, Brych!' Ro'n i 'fyd! Cadw fynd dros y clwydi o'dd ar ôl o'dd ishe gwneud nawr, heb wneud unrhyw beth twp. Diolch i'r drefn, fe lwyddes i wneud hynny a gorffen fy ras gynta erio'd yn ail! Gwefr heb ei hail!

Yr olwg ar wyneb Mam wrth fy ngweld ar ddiwedd y ras o'dd un amlwg o 'Diolch byth bo ti dal yn fyw!'

Dyw hi ddim o gefndir byd ceffyle chwaith, ac iddi
hi ro'dd ceffyl wastad yn golygu perygl enbyd, os nad
angau. Gwahanol iawn, wrth gwrs, o'dd ymateb bois
helfa Llangeinor. Ro'n nhw wrth eu bodde, yn falch
bod un o'dd yn rasio yn eu henw nhw wedi dod yn ail.
Dw i'n falch na ddes i'n gynta. Falle fod e'n swnio'n
beth rhyfedd i'w weud, ond petawn i'n gynta bydden
i wedi ymddeol yn syth er mwyn gweud fod gen i
record gant y cant. Ma un boi, Ioan Marc Thomas,
wedi gwneud hynny ddim sbel yn ôl. Ond am mai yn
ail ddes i, dw i wedi rasio sawl gwaith erbyn hyn ac
yn falch bod gen i brofiad dipyn ehangach na dim
ond un ras.

Fe a'th yn ddiwrnod mawr yn Erw Lon wedyn, wrth
gwrs, ar ddiwrnod y ras gynta honno. Dw i'n cofio
sefyll wrth ymyl y cwrs ac edrych o gwmpas i weld
pawb o'dd yna, wedyn codi fy ngolygon ymhellach
ac edrych i lawr o Bentop dros ran helaeth o Sir
Gâr. Dyna o'dd teimlad o foddhad dwfn, teimlad o
gyflawni rhywbeth, teimlad o fod yn foi lwcus iawn i
wireddu breuddwyd a cha'l mwynhau'r cwbwl gyda
theulu a ffrindie yn y tywydd gore.

Cyn 'mod i'n cwpla 'da'r straeon am y ceffyle sy'n
gymaint o foddhad i fi, ma un stori arall i'w gweud.
Dw i wedi sôn am Shân Cothi a'i gŵr Justin o'r bla'n.
Da'th cyfle cwpwl o flynydde yn ôl i gymryd rhan
mewn rhywbeth go gyffrous er mwyn codi arian
i'r elusen ma Shân wedi ei sefydlu yn enw Justin,

Amser Justin Time, sef taith geffyle fydde'n mynd â ni o ogledd i dde Cymru. Ro'dd Shân Cothi yn un ar y daith, wrth gwrs, finne a fy Sian i, Steffan Rhodri, Chris Jess a Branwen Slater. Trefnwyd y cwbwl yn fanwl tu hwnt, dros gyfnod o flwyddyn siŵr o fod. I fi'n bersonol, ro'dd y rheswm dros gymryd rhan yn ddigon amlwg. Canser y pancreas gafodd Dad a dyna gymrodd fywyd Justin hefyd. Ar ben hyn, ro'dd fy ngwraig wedi diodde o'r un clefyd. Do'dd dim un ffordd yn y byd y gallen i beidio cymryd rhan. Ro'dd gofyn trefnu llwybr y daith a llety i chwech ohonon ni a chwe cheffyl hefyd.

Wedi cynllunio dros flwyddyn, da'th y dydd i ni roi'r ceffyle yng nghefen lori, gyrru lan i Sir y Fflint ac i draeth Talacre. Mas â'r ceffyle o'r lori a chyn pen dim ro'dd y tîm o chwech ohonon ni ar gefen ein ceffyle er mwyn marchogaeth yr holl ffordd 'nôl lawr i'r De. Fe ddechreuon ni ar y traeth am i ni gredu ei bod yn bwysig bod y ceffyle'n glwchu eu tra'd yn nŵr y môr yn y Gogledd cyn mynd ar ein ffordd, ac yna'n gwneud yr un peth wedi cyrraedd y môr yn y De. Fe dda'th criw diogel o bobol 'na i'n cefnogi ni, ware teg, y rhan fwya ar gefen eu ceffyle nhw. Fe gawson ni damed bach o ras ar hyd y traeth gynta, yng nghysgod yr hen oleudy coch a gwyn. Ma'n debyg bod ysbryd yr hen gipar yn dal i gerdded o gwmpas y goleudy, ond weles i ddim mohono fe'r diwrnod hwnnw ta beth. Bant â ni wedyn at y stop cynta a'r criw cefnogwyr gyda ni hefyd. Ac wrth i'r daith fynd yn ei bla'n, wel, 'na beth o'dd cyfle i weld Cymru mewn ffordd na fydde ni ddim yn ei gweld fel arfer: ar hyd y caeau, y llwybrau diarffordd lle nad oes yr un enaid byw, heblaw ffermwyr, yn ca'l mynd. A phan ma rhywun ar gefen ceffyl, dyw adar ddim yn eich gweld fel person, ond fel y ffurf gyfan, y ceffyl a chi. Felly, ma modd mynd lot nes at adar o bob math ar gefen ceffyl. Ro'dd digon o gyfle i wneud hynny ar y daith 'na, ac ro'dd yn wefr o fath gwahanol. Ro'dd caredigrwydd pobol Cymru ym mhob man ro'n ni'n stopio hefyd yn dipyn o galondid.

Erbyn cyrraedd Dylife, wedi bod trwy goedwig Hafren, fe a'th Sandy, ceffyl Sian, i drafferthion. Ro'dd wedi cyffroi tamed bach gormod ac wedi mynd yn gynt na dyle hi fod lawr ochr y bryn gan sgathru ei choesau. Do'dd dim modd iddi gryfhau digon i gario mla'n 'da'r daith ac fe dda'th Dai Bach Caerfyrddin, ware teg iddo fe, lan i'w hôl hi a mynd â hi 'nôl i'r stable yn Ogwr, lle cafodd driniaeth. Dyma arwydd cynnar o'r hyn ddigwyddodd iddi ychydig wedi hynny, a'r hyn dda'th â'i diwedd yn y pen draw. Cafodd Sian fenthyg ceffyl er mwyn iddi hi gario mla'n o fan'na.

Hanner ffordd lawr ar ein taith, ro'n ni'n stopio ym Mhontrhydfendigaid, le o'dd Shân fod i gynnal cyngerdd, eto i godi arian i'w helusen. Fe gawson ni ddiwrnod uffernol ar ein taith y diwrnod hwnnw. Fe waethygodd y tywydd pan o'n ni lan yn y mynyddoedd ar ein ffordd i Bontrhydfendigaid a mewn â ni i ddannedd storom. Dyw e ddim yn naturiol i geffyl fynd tuag at y gwynt a'r glaw – ma fe am droi ei din at y fath dywydd. Ro'dd Felix, fy ngheffyl i, yn ei cha'l yn anodd i fynd yn ei fla'n. Ro'dd yn trotian yn yr unfan i bob pwrpas, yn defnyddio lot mwy o egni na fydde fe petai e'n cerdded yn naturiol. Fe dries i bopeth i'w dawelu a'i gysuro, ond do'dd dim yn gweithio. Fe dries symud mla'n rhywfaint yn y cyfrwy, yn agosach at ei wddwg. Os do fe! 'Ma fe'n aflonyddu'n fwy ac yn taflu ei ben 'nôl reit mewn i fy ngwyneb i. A'th popeth yn wyn, wyn cyn i'r düwch gau o'm hamgylch i, a finne'n meddwl y bydden i mas ohoni'n llwyr. Yn araf bach, da'th y gole 'nôl mla'n, a finne'n gweld sêr wedyn ymhob man. Tro'dd un o'r lleill 'nôl i edrych arna i a rhoi sgrech fawr. Ro'dd fy ngwyneb yn blastar o wa'd a'r glaw wedi ei wasgaru yn wa'th byth! Ro'n i'n edrych fel eitha drychiolaeth i'r lleill! Ro'dd gofyn gweld at y clwyf nawr a mewn â ni i ffarm anhygoel o anghysbell ar ben y mynydd. Do'dd dim hyd yn oed trydan 'da nhw o'r grid – *jenny* o'dd mas y bac. Fe fuon nhw'n arbennig i ni, ware teg, a gethon ni lanhau'r clwyf, sychu a thacluso rhywfaint cyn mynd ar ein ffordd unwaith eto.

Erbyn cyrraedd Pontrhydfendigaid ro'dd yr haul yn tywynnu. Ro'dd Shân wedi penderfynu y bydde hi'n mynd mewn i'r neuadd le o'dd y cyngerdd y noson honno ar gefen ei cheffyl, Caio. Syniad da. Ond ro'dd rhaid gwneud yn siŵr y bydde'r ceffyl yn ymateb yn iawn i gerdded mewn i sefylla mor anarferol. Ro'dd ishe rhoi cynnig arni ychydig orie cyn i'r cyngerdd ddechre. Fi gas y job o fynd ar gefen Caio a mewn trwy'r drysau wrth ochr y llwyfan lle bydde fe'n mynd ar ddechre'r cyngerdd. Fe drion ni ga'l cymaint o bobol ag o'dd hi'n bosib at ei gilydd i ishte yn rhai o'r seddi a churo eu dwylo mor frwdfrydig â gallen nhw er mwyn rhoi syniad go lew i'r ceffyl beth o'dd i ddod. Do'dd dim lot o bobol yn y pentre'r pnawn 'na am ryw reswm a dau berson wnaethon ni ffindo yn diwedd! Ond fe wnaethon nhw eu gore glas, ware teg, a chreu cymaint o sŵn ag y gall dau berson yn neuadd anferth Pontrhydfendigaid! Ro'dd Caio yn real bonheddwr yn yr ymarfer hwnnw, ac felly o'dd e hefyd wrth gerdded mewn i'r cyngerdd a Shân ar ei gefen. Ro'dd yn olygfa arbennig. Ro'dd y cyngerdd yn eitha sbesial hefyd. Ar wahân i Shân, ro'dd Rebecca Evans yn canu a Rhys Meirion hefyd.

Nosweth wedyn, ro'dd cyngerdd gwahanol! Jess o'dd wrthi yn y Talbot yn Nhregaron. Unwaith ro'n ni wedi ware 'da'n gilydd ers chwalu a hynny yn y Faenol. A'th y cyngerdd 'ny'n grêt hefyd, fel ma nosweithiau yn y Talbot yn gallu bod. Cafodd Sian fi fenthyg ceffyl arall ym Mhontrhydfendigaid, gan berthnase i Shân Cothi.

Yn naturiol, fe gymrodd gryn dipyn o amser, tair wythnos i gyd, i ni gwblhau'r daith. Ac er bod pawb wedi gorfod cymryd amser mas o'r hyn ro'n nhw'n ei wneud fel arfer, do'dd hynny ddim yn cyfri. Ro'dd yr holl brofiad fel bod ar y gwyliau gore posib. Lawr â ni i waelod mynyddoedd y Cambrian, gan alw ym Mhontrhydyfen ar y ffordd, cartre Richard Burton, lle gwrddon ni ag un o'i frodyr a'i nith, Sian. Lan â ni i'r topie wedyn, uwchben y pentre, trwy'r goedwig, ac mewn un man ro'dd y goedwig yn rhannu'n ddwy a de Cymru'n ymestyn o'n blaenau. Wrth i ni weld diwedd y daith am y tro cynta, a'th pob un ohonon ni'n dawel.

Ro'n ni wedi hysbysebu diwedd ein taith mor eang â phosib ac, yn fy achos i, wedi gweud wrth bawb yn helfeydd Llangeinor a Glamorgan, y rhai dw i'n gysylltiedig â nhw. Erbyn cyrraedd y man terfyn, ar draeth Ogwr, 'na le o'dd hyd at 200 o geffyle yn aros amdanon ni. Pawb wedyn yn mynd ar garlam ar hyd y tywod. Ro'dd hi siŵr o fod yn olygfa anhygoel i'r rhai welodd ni'n dod. Ro'dd yn brofiad cwbwl newydd i lot o'r ceffyle hefyd, wrth gwrs, y rhai o'dd wedi byw trwy gydol eu hoes yng nghefen gwlad Cymru a heb weld tywod erio'd o'r bla'n. Yn bendant, ro'dd yn deimlad a hanner i fod yng nghanol grŵp mor fawr o geffyle, fel rhywbeth mas o fyd y cowbois!

Pleser o'dd clywed sylwadau pobol o'dd yn deall eu ceffyle ar draeth Ogwr – ro'dd golwg iach ar ein ceffyle ar ôl antur mor hir.

Ro'dd taith 300 milltir ar gefen ceffyl, a gymrodd dair wythnos i'w chwblhau, wedi dod i ben. Yn ogystal â'r holl brofiadau a'r cyffro gawson ni, codwyd £75,000 ar gyfer elusen Shân Cothi. 'Na beth o'dd profiad gwerth weil ym mhob ffordd.

Fe fuon ni'n byw mewn *bubble* drwy'r daith, heb deledu na radio. Ac mae'n wir i weud, wrth i ni ddychwelyd i ganol gwareiddiad, dyma fi'n troi at y lleill a gofyn 'Beth am droi 'nôl?'

Tir. Ceffyl. Awyr. Geiriau. Dylanwadau amlwg ar siâp fy mywyd i, a rhai sydd â'u gwreiddiau yn ddwfn yn yr Hendre. Ac ma un arall hefyd. Y môr. Ma'n bosib gweld y môr yn ddigon clir o'r Hendre, gan ei bod yn gorwedd ar y bryniau sy'n wynebu Bae Ceredigion, rhyw 500 troedfedd lan. Ma bod yn ymwybodol o rythm llanw a thrai wedi bod yn rhan o guriad fy mywyd yn yr un ffordd ag ma blas pridd a pherth. Ddweden i ddim bod halen yn fy ngwa'd, ond ma'n gallu llosgi ar y croen yn ddigon amal.

Ro'dd clywed straeon am fywyd y môr hefyd yn rhywbeth cyfarwydd i fi ar yr aelwyd, a bydden i'n ymwybodol o Dad a Mam yn enwi pobol o'dd wedi ca'l rhyw gysylltiad 'da'r môr, nifer wedi mynd bant i fywyd ar y llongau mawr. Ac, wrth gwrs, ro'dd digon o bobol ro'n i'n nabod o'dd yn ennill eu bara menyn wrth bysgota. Ma'n fendith i mi ga'l fy nghodi mewn ardal o'dd yn gallu cynnig bwyd môr a bwyd ffarm.

Dw i'n cofio Dad yn dod 'nôl i'r tŷ ar ôl bod yn rolio'r silwair, ar y cae lle ma'r tipis nawr. Do'dd hi ddim yn ddiwrnod clir iawn, do'dd dim modd gweld lan tua gogledd Cymru, ond ro'dd rhywbeth wedi dal sylw Dad. Fe wedodd iddo edrych lan a gweld y môr fel petai'n llythrennol yn berwi, ddim yn bell o Aberporth. Wedi stopio ar gefen ei dractor ac edrych yn fwy manwl, gwelodd mai haid o ddolffiniaid o'dd yna, llwyth ohonyn nhw yn un fyddin bron, yn anelu gyda'i gilydd at ogledd Cymru. Ma ffarmo wrth ochr y môr yn bendant yn cynnig profiad tra gwahanol o fyd natur.

Un peth sydd wedi rhoi mwynhad wrth i'r busnes tipis gydio yw gweld ymateb rhai o'r ymwelwyr i'r un agwedd benodol honno o fywyd y môr. Ma'r cyfryngau sydd ohoni heddi yn gallu creu rhyw gamargraffiadau sylweddol yn amgyffred pobol. Da'th grŵp lan o ardal Pen-y-bont ar Ogwr un penwythnos ac fe 'nes i awgrymu y dylen nhw fynd at y môr i weld y dolffiniaid. Fe edrychon nhw'n syn arna i, mewn ffordd ddigon uchel-ael, a gweud fod angen mynd i Galiffornia i weld y creadur hwnnw. Dyna'r argraff o'dd y teledu wedi ei rhoi iddyn nhw. Ro'dd hefyd yn dangos cyn lleied ro'n nhw'n nabod eu gwlad eu hunain. Beth bynnag, bant â nhw mas am y dydd, heb unrhyw argyhoeddiad fy mod yn gweud gair o wirionedd ac, felly, heb unrhyw fwriad o wneud yr hyn awgrymes i. Ar ddiwedd dydd, 'nôl â nhw, a'u hagwedd yn amlwg yn hollol wahanol. Ro'n nhw wedi bod i Mwnt ac wedi rhyfeddu wrth weld llwyth o ddolffiniaid, tri deg dau yn ôl eu cyfri nhw. Ro'dd y pleser roiodd hynna iddyn nhw yn werth ei weld.

Dw i wedi gweld y dolffiniaid a'r morloi droeon, wrth gwrs, ond ma un olygfa arall, mas yn y Bae, sy'n ddigon o ryfeddod. Unwaith eto, ces y pleser o'i dangos i grŵp o'dd yn ymweld â'r tipis un dydd. Ro'n i'n edrych mas at y môr, yn sefyll gyda'r grŵp 'ma yn y cae ar bwys y tipis, pan weles i'r smotyn gole 'ma yn y môr. Ro'n i'n gwbod be o'dd e, a bant â fi i'r tŷ i 'nôl binociwlars yn syth, gan weud wrth y bobl i gadw llygad ar y smotyn er mwyn i fi wbod yn gwmws le o'dd e pan ddethen i 'nôl. Fe roies i'r binociwlars iddyn nhw'n syth ac fe edrychon nhw drwyddyn nhw mas at y môr. Ro'dd eu hwynebau'n llawn syndod a rhyfeddod. Yr hyn ro'n nhw wedi ei weld o'dd haid o ddolffiniaid yn corlannu cannoedd o fecryll i un man, ac yna'n nofio drwy'r flanced mecryll 'ma, gan eu llyncu'n drachwantus ar eu ffordd. Bydde nhw'n nofio lan oddi tan y pysgod, trwyddyn nhw, lan trwy'r dŵr ac yna 'nôl lawr. Ar ben hyn, bydde adar amrywiol y môr yn ca'l eu denu gan y gwa'd ac yn bwydo ar y mecryll hefyd. Ro'dd yr holl beth yn un gyflafan fwydo ffyrnig. Gan fod yr Hendre lan uwchben lefel y môr, ma'n olygfa rydyn ni'n ei gweld yn glir ac yn amal, llawer mwy amal na phetaen ni ar lefel y môr ei hunan.

Dim syndod, felly, bod yr awydd i fwynhau'r môr, ar y môr, wedi cydio yndda i. Ac i Emyr Penlan ma'r diolch am ddechre'r broses honno hefyd. Fe a'th e un tro ar long y *Malcolm Miller*, pan o'dd y ddau ohonon ni yn nosbarth dau neu ddosbarth tri. Ro'dd y llong arbennig honno yn eiddo i'r Sail Training Association ac, yn ôl straeon Emyr, ro'dd 'na lot o sbort i'w ga'l tra ar un o'r teithiau cyson ro'n nhw'n trefnu ar gyfer pobol ifanc.

Pan a'th Emyr i hwylio am y tro cynta ar y *Malcolm Miller* o'dd ei frwdfrydedd yn amlwg. O'dd e wedi ei gynhyrfu'n llwyr, am berson sydd yn anamal yn arddangos cynnwrf! O'dd e wedi bod lawr ar y llong i Biscay, a tywydd digon rwff gath y *Miller* yna – gwynt o rymoedd naw ar raddfa Beaufort – pan a'th Ms yn sâl. Y gred ar y llong o'dd bod y Cymro Penlan yn diodde o glefyd y môr ac am dridie buodd e'n gorwedd yn anghyfforddus ar ei fync wrth i'r llong ddod 'nôl i gyfeiriad de Lloegr.

Nid salwch y môr mohono. Ro'dd apendics Penlan

wedi llenwi â gwenw'n a phan wnaeth doctor y *Miller* ddarganfod hyn a'th galwad allan ar radio'r llong am gymorth wrth fadau eraill, mwy cyflym, i ga'l y claf 'nôl i'r lan ac i ysbyty. Da'th 'na dri i gyfeiriad y *Miller* ond, yn y pen draw, cwch yr RNLI dda'th i helpu Ms, er fod ffriget y llengoedd hefyd wedi ateb yr alwad.

Bellach ma hi'n stori ddoniol, ac Emyr yn iawn o hyd. Ond fel hyn ddisgrifiodd Ms y peth:

'Ges i'n strapo i ryw beth digon henffasiwn, tamed o ganfas a splints pren lawr yr ochr, wedyn ca'l fy nghlymu ar raffau o'dd yn mynd o'r *Miller* i'r bad achub – fel *straight jacket* a 'nwylo ynghlwm wrth fy ochr. Rhoion nhw siaced achub amdana i a gweud wrtha i am dynnu'r togl os ddisgynnen i i'r môr. O'dd fy mreichie'n glwm, felly pwy ddiawl o gyngor o'dd hynna? Diolch byth i fi ga'l fy nhrosglwyddo'n iawn o'r *Miller* i'r bad achub, a wedyn i ysbyty ar y lan, a ti'n gwbod, Brych? Dyna'r tro cynta i mi fod ar y teledu, ar newyddion BBC South, yn ca'l fy achub rhag colli 'mywyd. Diolch i Dduw am yr RNLI.'

Er gwaetha profiad Emyr, cododd yr awydd yndda i i fynd i hwylio ac, ymhen blwyddyn, ro'n inne hefyd ar y *Malcolm Miller*, yn hwylio o amgylch moroedd hyfryd Ynysoedd y Canaries. Ro'dd yn fan da i fynd i hwylio yn ystod y mis bach, gan fod sicrwydd y bydde gwyntoedd ffafriol. Hynny yw, ro'n nhw'n ffafriol ar bob diwrnod heblaw am un. Ar y noson honno, ro'dd y llong dau gant a hanner o dunelli yn pwyso ar ei hochr, gymaint o'dd grym y gwynt, ac ro'dd y môr yn dod reit lan dros hanner y dec. Fi o'dd yr unig fachan o'dd yn ddigon cryf ar ein goruchwyliaeth ni i ga'l fy strapio fewn i gymryd ei dro yn rheoli'r llong. Trodd y capten ata i a gweud 'Now then, Jones. Look at your heading on the pinnacle. Look at the rigging and set your course in the stars.' 'Na le o'n i, felly, yn pwyso reit drosodd ar fy ochr, gan ei bod yn amhosib sefyll yn unionsyth, ac yn llywio'r llong 'ma drwy edrych ar y sêr. Ro'dd y cwbwl yn ddigon i wneud i fi ddwli ar hwylio.

Pan dda'th y cyfle, ro'dd yn rhaid i fi brynu cwch hwylio fy hunan. Y GP14 brynes i, llong a ddatblygwyd yn ystod yr Ail Ryfel Byd ar gyfer pob math o waith amrywiol. Y GP felly yw *General Purpose*. Ro'dd y cwch ges i yn dri deg oed ac yn un hyfryd, y gwaelod yn bren gwyn a'r top yn bren noeth wedi ei farnisio.

Cyffro pendant o'dd y diwrnod pan 'nes i droi at Sian a gweud ein bod yn mynd i hwylio. Draw â ni i Gwbert, lle ma'r cwch 'da fi, a finne'n edrych mla'n yn fawr at fod ar y dŵr yn fy nghwch fy hunan. 'Beth wyt ti'n gwbod am hwylio?' gofynnodd Sian i fi ar y ffordd draw. 'Wel, Sian fach,' medde fi. 'Dw i wedi bod ar y *Malcolm Miller* mewn storom ofnadw. Os galla i ddelio 'da llong fel'na mewn tywydd mor wael â 'ny, bydd handlo'r GP14 yn rhwydd!' Dyna o'dd fy ateb ac ro'dd tamed bach o ddirmyg yn fy llais hefyd am iddi fy amau! 'Oes angen life jackets arnon ni?' gofynnodd hi wedyn. Am nad o'dd rhai gyda fi, fe wedes nad o'dd eu hangen.

Cyn i ni fynd ar y dŵr ro'dd yr hwyl lan 'da fi a, chymaint o'dd y gwynt, ro'dd y cwch bron â mynd drosodd a ninne ar dir sych. 'Ti'n siŵr bo ti'n gwbod beth ti'n neud?' gofynnodd Sian eto. 'Odw, wrth gwrs bo fi,' o'dd fy ateb pendant i. Ar y dŵr â ni wedyn, yn Gwbert, lle ma afon Teifi yn cwrdd â'r môr. Unwaith ewch chi mas o gysgod y Clwb Hwylio ma'r gwynt yn eich dal. Digon yw gweud nad o'n ni mas 'na am hir cyn i fi ddechre colli rheolaeth. Cawson ni ein chwythu lan yr afon, yn erbyn y llif, a'r cwch yn ymladd yn erbyn y gwynt. Trwy hyn i gyd 'nes i esgus fod popeth yn mynd yn dda iawn. Wel, 'nes i dreial esgus beth bynnag. Amhosib o'dd gwneud hynny pan drodd y cwch drosodd! Wrth i Sian ddisgyn dros yr ochr a mewn i'r dŵr, dw i'n cofio'n glir iawn yr olwg ar ei gwyneb wrth iddi edrych lan ata i – yr un olwg y bydden i'n gweld wrth ddeffro yn yr ysbyty wedi bod yn sâl, yr un o'dd yn gweud 'Y diawl bach, be ti wedi neud i fi nawr?' Glaniodd y ddau ohonon ni yn y dŵr a finne ddim yn gallu gweld Sian am dipyn. Setlodd cyffro'r dŵr a 'na le o'dd y ddau ohonon ni'n ishte ar ein penolau a'r dŵr yn dod lan at ein stumogau ni. Cododd y ddau ohonon ni ar ein tra'd a do'dd y dŵr ddim ond hyd at ein pengliniau! Ar ôl werthin – achos rhyddhad yn ogystal â theimlo tamed bach yn dwp – da'th yn amlwg i'r cwch fwrw bencyn o dywod a mynd yn sownd ynddo a do'dd dim gafael tanfor gan y cwch o gwbwl felly. Fe gerddon ni'r cwch 'nôl at y Clwb Hwylio wedyn. Ro'n ni'n lwcus iawn a gweud y gwir ac ma'n rhaid i fi weud bod Sian wedi bod mas yn hwylio gyda fi ers hynny.

Da'th y dydd pan o'dd Gareth, perchen gwreiddiol Tŷ Cariad, ishe mynd i hwylio hefyd. Do'dd dim modd ei ddarbwyllo na fydde hynny'n syniad da; am ba bynnag reswm, ro'dd e wedi gwneud ei feddwl lan a dyna ni. Rhaid felly o'dd trefnu trip hwylio i Gareth. Trefnwyd iddo ddod lawr i Dresaith ar ryw ddydd Sul penodol pan o'dd y clwb hwylio'n cyfarfod. Pan dda'th y dydd, ro'dd hi'n ddiwrnod digon garw. Do'dd fawr ddim chwant arna i i fynd ar y dŵr a gweud y gwir, ond ro'dd pendantrwydd brwdfrydig Gareth yn drech na'n amheuon i.

Ar y dŵr â ni felly ac ro'dd y GP14 yn canu am fod siwd gymaint o wynt yn yr hwyl. Ro'dd yn mynd trwy'r tonnau'n pwyso i'r ochr rhyw 45 gradd a finne'n ymladd i'w chadw lan mor uchel â hynny. Er mawr ryfeddod, ro'dd Gareth yn ei elfen, er nad o'dd e wedi bod yn hwylio erio'd yn ei fywyd. Ro'dd e'n joio mas draw wrth i'r cwch drafaelu mor glou ag y gallai. Cadw pethe at ei gilydd o'dd y gore allen i wneud, jyst gwneud yn siŵr na fydde ni'n boddi trwy geisio cadw rheolaeth ar y GP14. Ro'dd gofyn bod yn ymwybodol o'r catamarans o'dd mas ar y dŵr hefyd – gan eu bod yn gychod mor gyflym, gallen nhw ddod lan aton ni heb i ni eu gweld. Fe glywes sŵn yn dod o'r tu ôl i fi, rhyw hisian uchel trwy'r dŵr. Ro'dd ofn arna i nawr bod catamaran yn rhy agos o lawer a dechreues wneud yn siŵr ein bod yn cadw mas o'i ffordd. Ond erbyn troi rownd yn iawn, fe weles i mai tri dolffin o'dd yna, gwryw, benyw ac un bach. Ro'n nhw mor agos 'nes i sgrechen am ryw reswm. Lawr â nhw dan y dŵr, o dan y cwch, a chodi 'nôl uwchben y dŵr ar yr ochr lle ro'n i'n ishte. Ro'dd y dolffin mwya rhyw dair troedfedd oddi wrtha i yn edrych yn syth ata i; ro'dd y dolffin benywaidd y tu ôl iddo, a'r llo 'nôl o dan y dŵr yn saff. Ro'dd Gareth wedi rhyfeddu ac wedi hurtio. Ma nhw'n gweud os ddewch chi ar draws dolffiniaid mewn sefyllfa debyg, gwnewch yn siŵr eich bod yn edrych i fyw llygaid y creadur. Da'th hwn 'nôl i 'nghof wrth i lygaid y dolffin edrych arna i. Edryches yn ôl yn syth i ganol ei lygaid ynte, i ddangos fy mod yn cydnabod ei fodolaeth ac yn cydnabod mai fe, mewn gwirionedd, o'dd brenin y môr. Wrth i fi edrych arno, ro'dd ymateb y dolffin yn un rhyfedd, yn yr ystyr ei fod e bron fel petai wedi llwyddo i siarad 'da fi a gweud rhyw eiriau a fydde'n cyfleu teimladau fel 'Siwd mae? Ma popeth yn iawn, paid â becso.'

Gormodiaith, ma'n siŵr, yw gweud ei fod yn brofiad ysbrydol. Ond falle nad yw e chwaith. Anghofiwyd am y tywydd garw a'r ymdrech fydde angen i gyrraedd 'nôl at y lan. Ro'n i'n defnyddio pob ymdrech gorfforol o'dd gen i i gadw'r cwch uwchben y dŵr, yn straenio ac yn chwysu ac yn straffaglu'n ddiseremoni. Ond dyna le o'dd y creaduriaid hyfryd yma'n nofio 'nôl a bla'n yn ddiymdrech a gosgeiddig. Ac yna, mor ddisymwth ag o'n nhw wedi cyrraedd, fe drodd y tri eu cefnau at fy nghwch bach i a nofio i ffwrdd, a'u hisian uchel, cysurus i'w glywed uwchben sŵn y môr garw wrth iddyn nhw dorri trwy'r tonnau.

Ro'dd sgwrsio rownd y ford fwyd yn rhan bwysig iawn o dyfu lan i fi. Nid dim ond etymoleg geiriau fydde'r pwnc; fan'na hefyd dw i'n cofio clywed lot o enwau'r caeau o'dd ar yr Hendre. Ma hwnna wedi dod 'nôl yn fyw iawn i fi yn ddiweddar wrth i fi ffilmo ar gyfer cyfres newydd o'r enw *Caeau Cymru*. Ac er gwaetha fy nghefndir i, ma gweithio ar y gyfres wedi bod yn agoriad llygad a gweud y gwir. Cyn gwneud y gyfres, bydden i wedi cymryd yn ganiataol bod meibion a merched ffarm yn gwbod am enwau'r caeau sy'n amgylchynu eu cartrefi. Ond dw i ddim mor siŵr o hynny heddi. Pan ma ffarm yn ca'l ei gwerthu – ac ma'n siŵr bod hynny'n digwydd mwy amal y dyddie 'ma, gan nad yw ffermydd yn aros yn y teulu mor hir ag o'n nhw'n arfer gwneud – pur anamal ma enwau'r caeau yn ca'l eu trosglwyddo i'r perchnogion newydd. Ma enwau'n mynd yn angof felly.

Ma modd darganfod yr enwau coll yma trwy fynd 'nôl at fapiau'r Degwm, ond ma hwnna'n golygu lot o waith ymchwil, wrth gwrs. Ac yn amal, yn fwy diweddar, do's dim enwau ar y mapiau chwaith a'r cwbwl gewch chi yw rhif swyddogol y cae fel ma fe wedi ca'l ei gofrestru, rhif IACS. Ces sgwrs 'da ffarmwr yn y Gogledd yn ddiweddar, dyn heb blant na gwas ffarm chwaith, a'r rhifau IACS o'dd e'n eu defnyddio ar gyfer ei gaeau.

Pan o'n i'n ca'l fy magu ar ffarm, ro'dd angen gwbod enwau'r caeau, yn un peth er mwyn gwbod le o'dd angen mynd os o'dd Dad yn gofyn i fi fynd â hwn a hwn i rhyw gae, neu ryw neges debyg. Cofiwch hefyd nad 'cae' fyddwn ni'n gweud ar lafar yng Ngheredigion, ond parc, neu perci am fwy nag un. Felly, ro'dd 'da ni 'barc dan clos', er enghraifft, 'parc cwm bach', 'parc o fla'n tŷ', 'parc tu ôl tŷ'; 'parc yr afr' yw lle ma'r tipis nawr; ma 'parc mowr' nes lan, y mwya ar y ffarm, heb fod yn bell o'r tŷ; 'parc ffog', sef hen enw ar ryw fath o borfa, 'porfa rhonc', sydd fel ffogen; y parc ucha ar yr Hendre yw 'parc cefen', am ei fod ar gefen o dir; 'parc penallt'; a 'pharc pwdwr' am ei fod yn cynaeafu'n hwyr, medden nhw, er dw i ddim yn cofio'r cae fel un hwyr am fod gen i gof clir o hau barlys yn y cae hwnnw, a fydde Dad byth wedi gofyn i fi wneud hynny petai e'n gwbod ei fod yn gae o'dd yn cynaeafu'n hwyr. Ma'n siŵr fod hynny'n wir yn y dyddie a fu, a bod y cae wedi gwella yn hynny o beth erbyn dyddie Dad.

Dw i'n siŵr i Dad etifeddu'r enwau 'ma i gyd. Ond dw i ddim wedi edrych i weld ai dyma enwau'r perci 'ma 'nôl ar fapiau cynta'r Degwm, tua'r 1830au ffor'na. Ma'n bosib eu bod nhw'n enwau sy'n mynd 'nôl mor bell â hynny, neu falle mai rhywun o'n teulu ni, 'nôl cyn amser Dad, a fathodd yr enwau y'n ni nawr wedi eu hetifeddu. Ma 'na gyfoeth mewn enwau perci, yn bendant – ma nhw'n gallu gweud lot am hanes, daearyddiaeth, y tymhorau, arferion lleol ac ati. Nid dim ond ffordd gyfleus i weud le ma ishe mynd ar neges yw enwi perci.

A dyna ni wedi cyrraedd diwedd y stori. Dw i'n ddiolchgar bod y llyfr 'ma yn dal yn eich dwylo a'ch bod wedi dangos digon o frwdfrydedd i gyrraedd ei ddiwedd. Profiad digon rhyfedd o'dd e i fi i ishte lawr a mynd 'nôl dros fy mywyd, yn enwedig gan i fi ddechre'r stori trwy sôn am amser coll pan o'n i mewn côma. Hyd yn oed pan o'n i ddim yn yr ysbyty, prin o'n i'n 'byw' beth bynnag. Bod o'n i'n unig, a bod trwy bwyso ar y botel.

Gwahanol iawn yw hi wedi bod ers hynny, fel ry'ch chi wedi darllen. A gwahanol iawn fuodd pethe cleni. Da'th cyfle i ga'l amser yn ôl i raddau helaeth, mewn sawl ffordd. I ddechre, dyma flwyddyn Jess yn dathlu chwarter canrif ers i ni ffurfio, a hynny'n ddechre ar gyfnod o weithgarwch 'da'r band sydd wedi'n rhoi ni 'nôl ar lwyfan mewn gigs trwy Gymru unwaith eto. Recordiwyd rhaglen deledu hefyd i nodi'r achlysur. Wrth i ni'n pedwar ddod 'nôl at ein gilydd ar gyfer digwyddiad mor arwyddocaol â dathlu chwarter canrif, ro'dd yn amlwg bod amser wedi newid ein hagwedd at lot o bethe, yn enwedig rhywbeth mor ganolog â'n cerddoriaeth.

Ro'n ni'n fois eitha difrifol pan o'n ni gyda'n gilydd ar y dechre, ishe profi pwynt o hyd. Ro'dd popeth yn haeddu pob sylw manwl; rhaid o'dd ca'l popeth yn fanwl gywir, gan gynnwys y dillad ro'n ni'n eu gwisgo a hyd yn oed y ffordd o'n ni'n sefyll. Eleni ro'dd yn amlwg bod ein hagwedd tuag at ware'n fyw wedi newid. Dw i'n credu i ni ddysgu, neu gwmpo i mewn i ddeall, ein bod ni am fwynhau Jess gymaint ag o'dd pobol eraill yn ein mwynhau. Ma hwnna'n rhyddhad.

Profiad difyr arall o'dd ishte 'da'n gilydd fel band ac edrych dros rhyw awr a hanner o archif teledu Jess er mwyn dewis a dethol darnau ar gyfer y rhaglen deledu sy'n ca'l ei gwneud amdanon ni. Ma'n syndod faint o'dd y bois wedi anghofio. Ro'dd hynny'n bwynt digon diddorol pan o'dd Chris a fi'n treial cofio pwy sgrifennodd pa gân. Sawl gwaith o'dd un ohonon ni'n troi at y llall a gofyn 'Ti neu fi sgrifennodd honna?' Fel'na dyle hi fod mewn gwirionedd, bod ein gwaith wedi cydio yn gyfanwaith i'r band. Ma'n siŵr nad o'n i'n gweld pethe mor syml â hynny pan o'dd y band yn ei anterth ac fe allai fynd yn ddigon cystadleuol rhwng Chris a fi pan o'dd hi'n fater o gyfansoddi'r caneuon. Ma amser wedi meddalu hynny cryn dipyn. Ma'n destun balchder i ni aros yn ffrindie fel aelodau Jess ar hyd y blynydde, beth bynnag ddigwyddodd pan dda'th y band i ben.

Datblygiad mwy arwyddocaol eleni, yn gerddorol yn bendant, yw i fi ga'l cais i berfformio yng Ngŵyl Gerddoriaeth Ryngwladol WOMEX, sy'n ca'l ei chynnal yng Nghaerdydd eleni. Ma'n ddigon o anrhydedd ca'l cais i berfformio, ond ma'n fwy arwyddocaol i fi'n bersonol am mai dyma'r tro cynta ers chwe mlynedd y bydda i wedi perfformio fel cerddor ar fy mhen fy hunan. Dw i'n gweld gwahaniaeth rhwng Brychan, ffrynt man grŵp roc Cymraeg, a Brychan yr unawdydd. Ma mwy o fy nghalon a'n enaid yn y perfformio solo, yn naturiol. Do's gen i ddim band i guddio yn eu canol. Da'th amser penodol pan 'nes i syrffedu ar ware – ro'n i fel perfformiwr wedi blino ar y cwbwl. Ro'dd fy hoff gitâr ar stand yn y stafell fyw gartre ers blynydde lawer, yn gwbwl segur. Byddwn yn ei phasio bob tro yr awn i'r gegin neu i'r gawod. Ond do'dd fy llaw ddim wedi gallu cydio ynddi ers i fi ddod mas o'r ysbyty.

Un dydd, a finne ar fy ffordd i'r gegin, teimles fy mraich yn ymestyn tuag at y gitâr am ryw reswm, heb benderfynu hynny'n fwriadol, ac fe'i codes i fy mreichiau gan ddechre ei ware unwaith eto. Dw i ddim yn gwbod pam. Ro'dd 'na ryw betruso wrth ei dal am y tro cynta ers amser mor hir. A fydden i'n gallu cofio unrhyw beth? Ond y funud ro'dd hi 'nôl yn fy nghôl, ro'dd popeth fel o'n nhw'n arfer bod. Ffrwyth, ma'n siŵr, yr holl ymarfer caled o ddyddie cynta Jess tan i fi orffen yn yr Eidal. Dw i'n amal wedi meddwl, wrth fynd trwy'r broses o weud stori fy mywyd fel hyn, a fuodd y cyfnod tywyll o ganlyniad i'r ffaith nad o'dd gen i ryw ffordd o fynegi fy hun yn greadigol ar y pryd a bod popeth yn corddi y tu fewn i fi, yn cnoi ac yn dinistrio? Sgwn i.

Pan dda'th cais WOMEX, felly, ro'dd gen i benderfyniad i'w wneud. Ma hon yn ŵyl fyd-eang. Bydden i, i bob pwrpas, yn un o'r rhai fydde'n cynrychioli Cymru ar lwyfan byd. Yn diwedd, dim ond un ateb o'dd. Ro'dd 'na reidrwydd dwfn i weud 'ie'. Petawn i wedi gweud 'na' fydden i ddim yn gallu ystyried fy hun yn 'chwaraewr' fel ma nhw'n ca'l eu galw, yn offerynnwr, yn gerddor. Os na fydden i ar lwyfan WOMEX fydden i ddim yr hyn dw i'n gwbod ydw i. Felly, 'nôl â fi ar lwyfan eleni. Ar ôl hynny, fe wna i gario mla'n i ddatblygu fy ngwaith fel cerddor, a'r hyn sydd wedi digwydd ers i fi fod wrthi ddiwetha yw bod technoleg nawr yn golygu y galla i gyfansoddi mwy gartre a recordio fy nghynnyrch hefyd. Dyna'r ffordd mla'n i fi'n gerddorol, dw i'n siŵr.

Rhyfedd siwd ma'r grymoedd wedi dod at ei gilydd, pwy bynnag y'n nhw a le bynnag ma nhw, i drefnu 'mod i 'nôl ar lwyfan fel perfformiwr ar fy mhen fy hun yn y flwyddyn ma Jess 'nôl gyda'i gilydd yn dathlu chwarter canrif, ac yn y flwyddyn hefyd pan dw i wedi croniclo hanes fy mywyd hyd yma rhwng dau glawr. Ma lot o edrych 'nôl wedi digwydd, ac edrych mla'n ar yr un pryd.

Profiad anarferol yw gorfod ishte lawr ac edrych 'nôl ar eich bywyd er mwyn ei adrodd wrth bobol dy'ch chi ddim yn eu hadnabod. Ma wedi bod yn brofiad anghysurus ar adegau, yn bendant. Ma fe fel dal drych lan o'ch bla'n, ac rydyn ni gyd yn gwbod fod drych yn gallu bod yn angharedig iawn ar brydiau, yn enwedig wrth i ni dyfu'n hŷn. Ma'r llyfr 'ma wedi bod yn ddrych â rhyw ole od.

Ond does dim un o'r cyfnodau anghysurus yn gysylltiedig â fy atgofion am Dad. Dw i'n dal i ddod i delerau â'r ffaith ei fod wedi paso. Erbyn hyn, dw i'n treial dygymod â'r ffaith nad ydw i bellach yn meddwl amdano bob dydd fel o'n i am y blynydde cynta wedi iddo farw. Rhaid derbyn ei bod yn iawn i fi beidio â meddwl amdano cymaint, ac nad yw hynny'n arwydd o unrhyw beth gwael. Ma'n ymdrech i berswadio fy hunan mai felly ma hi. Anodd o hyd yw troi'r radio mla'n a chlywed ei lais yn gweud rhyw stori neu'n adrodd darn o ryw gerdd. Ma'n anodd hefyd dod i delerau â'r ffaith fy mod yn gallu breuddwydio amdano, yn enwedig gan ei fod, yn ddieithriad, yn ddyn mud yn y breuddwydion hynny. Ma fe 'na, ond dyw e byth yn siarad. Dyn y geiriau yn gweud dim.

Dad wnaeth y trosleisio ar y gyfres *Ar Garlam*. Dyna le o'n i, y mab, yn cyffroi, yn mentro, yn peryglu 'mywyd, ac yna'r llais tawel, pwyllog 'ma'n disgrifio'r cwbwl i'r gwylwyr. Llais rheswm. Dyna pam ma fe mor od bod Dad yn fud yn fy mreuddwydion nawr. Fe sydd wedi rhoi'r troslais tawel yna i bob golygfa yn y ddrama ar hyd fy mywyd. 'Nes i ddim gwrando arno fe bob tro, ma'n rhaid gweud, ddim o bell ffordd. Prin iawn o'dd y geiriau fydde fe'n eu gweud wrth ymateb i droeon fy nhaith bersonol i. Fydde fe byth yn gweud wrtha i am wneud mwy o astudio ar gyfer arholiad neu waith cartre; fydde fe byth yn rhoi pregeth i fi os bydde rhyw adroddiad ysgol yn wael. 'Dilyn dy drwyn' o'dd ei gyngor ac o'dd e'n rhoi'r rhyddid i fi wneud hynny. Ond o'dd e wastad 'na, yn bresenoldeb amlwg, cadarn, yn gwbod fod dylanwadau digon diogel arna i. Fel ma fe nawr yn fy mreuddwydion.

Wrth edrych 'nôl, nid Dad yn gymaint yw'r gadwyn gryfa sy'n fy nghlymu at fy ngorffennol, ond yr Hendre ei hunan. Ma 'da fi ryw ymlyniad emosiynol at ddarn o dir sydd, fel wedes i ar y dechre, yn faen am fy ngwddwg. Dw i'n dal i glywed y peiriant godro o hyd; dw i'n dal i glywed y tractor a dyw hwnnw ddim wedi ca'l ei danio ers dros flwyddyn. Pan fydda i gartre yng Nghefn Cribwr dw i'n dal i glywed sŵn y gwynt yn nho'r Hendre. Bydda i'n clywed y synau hynny ac amryw o rai eraill tebyg tra fydda i byw. Dw i'n siŵr o hynny.

Dw i'n difaru'n enaid nad yw pethe wedi gweithio

mas i fi allu troi at ffarmo ac wedyn cadw ffarm y teulu yn fy nwylo i. Dw i'n ymwybodol iawn wrth ei weud y bydde hynny'n golygu na fydden i wedi ca'l y profiadau cyfoethog ry'ch chi wedi darllen amdanyn nhw'n barod. Ond dyw hynny ddim yn golygu nad yw'r difaru yna hefyd. Bob tro dw i yng nghwmni'r bois 'nôl adre, dw i'n gweud wrthyn nhw 'mod i'n eu hedmygu'n fawr am gydio yn ffermydd eu teuluoedd. Ma'n bosib iawn na fydde'r feddylfryd reit gyda fi i droi at ffarmo ac ma rhamantu ydw i wrth feddwl fel hyn, am ryw ysbryd coll na fydde fe wedi bod yn bosib i fi ei fynegi yn y lle cynta. Ond ma'r teimlad yn ddigon cryf. Fel ry'ch chi'n gallu gweld, teimladau sy'n groes i'w gilydd sydd 'da fi, yn corddi ar yr un pryd. Licen i petawn i'n gallu siglo'r ymlyniad 'ma at yr un darn tir bychan yna ar ymyl Ceredigion rhwng y bryniau a'r môr. Bydde bywyd dipyn llai cymhleth yn bendant. Ond dw i ddim yn gweld y bydd hynny'n digwydd nawr, a bydd yr Hendre'n perthyn i fi hyd y diwedd, pwy bynnag fydd yn berchen arni. Y cwbwl alla i dreial gwneud nawr, yn broffesiynol, yw derbyn mai cerddor a chyflwynydd a chyfarwyddwr teledu ydw i erbyn hyn, a dyna'r dyfodol i fi.

Yng nghanol hyn i gyd, ma un teimlad cryf o ddifaru sy'n ymwneud â Dad a dw i ddim yn gwbwl glir pam dw i'n gweud hyn. Dw i'n difaru, heb reswm da, bod Dad ddim wedi gwthio fi yn fwy i mewn i ffarmo. Ma'n beth rhyfedd i'w weud, am nad fy lle i yw difaru hynny mewn gwirionedd. Busnes Dad o'dd gwneud hynny neu beidio ac, felly, fe ddyle fod yn difaru. Dyna'r rhesymeg, ond ma'r teimladau'n gallu bod yn wahanol. A beth bynnag, ma'n siŵr bod y ffordd 'na o feddwl yn fwy i wneud gyda'r ymlyniad emosiynol 'na at ddarn o dir dw i wedi sôn amdano nag unrhyw beth i'w wneud â Dad a'i ddylanwad. Ma elfen gref o ishe cadw dilyniant y cenedlaethau teuluol ar dir yr Hendre a hefyd argyhoeddiad dwfn bod cynhyrchu rhywbeth yn y pridd yn fwy gwerth weil nag unrhyw beth arall. Falle 'mod i'n ystyried bod teledu'n rhywbeth defnyddiol, ond dyw e ddim mor ddefnyddiol â bwyd. Falle mai meddwl fel'na sy'n golygu 'mod i'n garddio lot fawr – mynegiant o'r teimlad bod angen cadw'r cysylltiad 'da'r pridd yng ngardd Tŷ Cariad, hyd yn oed os odw i'n ansicr o'r cysylltiad 'da pridd yr Hendre. 'Nes i ddim meddwl fel'na o gwbwl wrth ddechre mynd ati i ddatblygu'r ardd yng Nghefn Cribwr. Nawr ma cysylltiadau fel'na yn dod yn amlwg wrth i fi ishte lawr a threial rhoi trefn ar fy mywyd er mwyn ei roi mewn llyfr. Ma 'na wedi digwydd lot.

Yr hyn allen i wneud, yr hyn sydd o fewn fy ngallu i gyfrannu at ddyfodol yr Hendre, yw gweld oes modd datblygu twristiaeth yna ar gefen llwyddiant cynllun y tipis. Bydden i wrth fy modd yn datblygu cabanau pren ar y ffarm a chyfleoedd i ferlota yna. Ma fe'n bosib. Ond ma fe ond yn bosib os yw'r Hendre'n aros yn nwylo'r teulu. Ma 'na sgwrs deuluol sy'n gorfod digwydd rywbryd i weld beth yw'r ffordd mla'n. Ma'n ddigon posib y bydd Mam am werthu'r lle, a dyna'r dyfodol wedi ei benderfynu wedyn. Cawn weld.

Ma'n gwbwl addas i weud wrth dynnu tua'r terfyn fy mod yn edrych mla'n at ddyfodol 'da'r teulu i gyd, ble bynnag bydd y dyfodol hwnnw. Dw i a'r teulu wedi ca'l lot o hwyl wrth fynd 'nôl dros y straeon yma ac, oes, ma 'na ambell beth newydd wedi dod i'r amlwg.

Digon doniol o'dd y sgwrs ffôn 'da Mam yn trafod stori cyffuriau Tŷ'r Cyffredin. Wedes i wrthi fy mod mewn penbleth ynglŷn â chynnwys y stori neu beidio. Da'th tawelwch o ben draw'r ffôn ac, wedi sbel, fe wedes i 'O dier, o'n i'n meddwl bo chi'n gwbod, Mam!' Do'dd hi ddim, ond ma hi'n gwbod nawr. Da'th 'na gyfleoedd di-ri i rannu pob math o bethe eraill, wrth gwrs. Os ydych chi'n bwriadu sgrifennu stori'ch bywyd mewn llyfr neu beidio, falle fod ishte lawr a mynd 'nôl dros straeon yr aelwyd lle magwyd eich teulu yn werth ei wneud beth bynnag.

'Nôl ar y ffarm, un o'r pethe y bydde'n rhaid ei wneud yn flynyddol, yn dymhorol, o'dd codi'r das wair, neu'r stacan fel ma hi'n ca'l ei galw ar lawr cefen gwlad ein hardal ni. Bydde Dad yn amal iawn yn defnyddio'r gair 'stacan' wrth weud fod angen i hwn a hwn, neu hon a hon, ddechre rhoi trefn ar bethe, tynnu'i sanau lan a siapo hi. Wrth gymryd y gair o fyd codi stacan, y syniad o'dd bod angen gorffen y gwaith o'dd wedi ei ddechre, neu bydde'r cynhaeaf yn gorwedd yn wastraff llwyr ar lawr. Falle mai dyna le ydw i nawr. Ar un adeg, do'dd hi ddim yn edrych yn debyg y bydde 'na gynhaeaf i fi, gan i'r bywyd ga'l ei gymryd oddi wrtha i am gyfnod. Ond da'th amser 'nôl â bywyd gwahanol yn ei gôl. Wrth edrych 'nôl ac edrych mla'n, 'te, caiff Dad y gair diwetha. 'Ma'n amser stacano, Brychan!'

Am restr gyflawn o lyfrau'r Lolfa, mynnwch
gopi am ddim o'n catalog
neu hwyliwch i mewn i'n gwefan

www.ylolfa.com

lle gallwch archebu llyfrau ar-lein.

TALYBONT CEREDIGION CYMRU SY24 5HE
ebost ylolfa@ylolfa.com
gwefan www.ylolfa.com
ffôn 01970 832 304
ffacs 832 782